Muerte
de un ciclista

(Muerte de un ciclista)
Juan Antonio Bardem
(1955)

* * * * *

María Marcos Ramos

A Mateo, por cambiar el argumento de mi historia.

Bardem fue un hombre curtido en la conciencia de la fragilidad del triunfo, lo que le otorga esa inimitable sensación de fortaleza que emana de los juguetes rotos que, como él, tuvieron coraje y tesón para reconstruirse a sí mismos.

Fernández Santos, 1991

Colección "Guías para ver y analizar" nº 79
Directores:

Javier Marzal Felici Catedrático de Comunicación Audiovisual y Publicidad.
Universitat Jaume I.
Salvador Rubio Marco Catedrático de Estética y Teoría de las Artes.
Universidad de Murcia.

Comité Científico:

José Luis Castro de Paz Catedrático de Comunicación Audiovisual y Publicidad.
Universidad de Santiago de Compostela.
Luis Deltell Escolar Catedrático de Comunicación Audiovisual y Publicidad.
Universidad Complutense de Madrid.
Nekane Parejo Giménez Profesora Titular de Comunicación Audiovisual y Publicidad.
Universidad de Málaga.
Mar Ramírez Alvarado Catedrático de Comunicación Audiovisual y Publicidad.
Universidad de Sevilla.
Santos Zunzunegui Díez Catedrático Emérito de Comunicación Audiovisual y Publicidad.
Universidad del País Vasco.

Coordinadora técnica:

Concha Roncal Sánchez Editora de Nau Llibres

Comité Editorial:

Rafael Cherta Puig Catedrático de Lengua y Literatura. Doctor en Comunicación Audiovisual.

Juan Miguel Company Ramón Catedrático de Comunicación Audiovisual y Publicidad. *Universitat de València.*

Isadora Guardia Calvo Prof. C. Doctora de Comunicación Audiovisual y Publicidad. *Universitat de València.*

Francisco Javier Gómez Tarín Profesor honorífico de Comunicación Audiovisual y Publicidad. *Universitat Jaume I.*

Marta Martín Núñez Prof. C. Doctora de Comunicación Audiovisual y Publicidad. *Universitat Jaume I.*

Antonio Loriguillo Lópe Prof. Titular de Comunicación Audiovisual y Publicidad. *Universitat Jaume I.*

José María Monzó García Licenciado en Teología y Ciencias Eclesiásticas. Crítico y ensayista de cine.

Agustín Rubio Alcover Prof. C. Doctor de Comunicación Audiovisual y Publicidad. *Universitat Jaume I.*

Teresa Sorolla Romero Prof. Titular de Periodismo Comunicación Audiovisual y Publicidad. *Universitat Jaume I.*

ÍNDICE

I. FICHA TÉCNICA Y ARTÍSTICA

Título original:	*Muerte de un ciclista*
Coproducción:	España / Italia
Año:	1955
Productoras:	Trionfalcine, Guión Producciones Cinematográficas
Productor ejecutivo:	Manuel J. Goyanes
Director:	Juan Antonio Bardem
Guion:	Juan Antonio Bardem y Luis Fernando de Igoa
Director de fotografía:	Alfredo Fraile
Dirección artística:	Enrique Alarcón
Montaje:	Margarita de Ochoa
Música:	Isidro B. Maiztegui
Ayudante dirección:	José Luis Monter, Jesús Franco y José Luis Robles
Fotografía:	B/N 35 mm.
Material:	28.011,37 metros de negativo de imagen, 18.271,2 metros de negativo de sonido y 35.550,90 metros de positivo
Duración:	88 min.
Distribuidora:	Janus Films
Lugares de rodaje:	Madrid y Estudios Chamartín
Fecha de rodaje:	Entre el año 1954 y 1955, inicio del rodaje noviembre de 1954
Fecha y lugar de estreno:	Cine Gran Vía, Madrid, 9 de septiembre de 1955
Intérpretes:	
Lucia Bose:	María José de Castro
Alberto Closas:	Juan Fernández Soler
Bruna Corrà:	Matilde Luque Carvajal
Carlos Casaravilla:	Rafael Sandoval
Otello Toso:	Miguel Castro
Alicia Romay:	Carmina
Julia Delgado Caro:	Doña María
Matilde Muñoz Sampedro:	Vecina del ciclista
Mercedes Albert:	Cristina

José Sepúlveda:	Comisario
José Prada:	Decano
Fernando Sancho:	Guardia de tráfico
Manuel Alexandre:	Otro ciclista
Jacinto San Emeterio:	Joaquín
Manuel Arbó:	Padre Iturrioz
Emilio Alonso:	Jorge
Margarita Espinosa:	Encarna
Rufino Inglés:	Nico
Antonio Casas:	Entrenador
Manuel Guitián:	Cura
Elisa Méndez:	Jacinta
José María Rodríguez:	Ventero
Carmen Castellanos:	Laura
José María Gavilán:	Secretario
José Navarro:	Camarero
Gracia Montes:	Cantaora

2. INTRODUCCIÓN

2.1. Importancia de Muerte de un ciclista en la cinematografía española

Muerte de un ciclista es uno de los filmes clave no solo de Juan Antonio Bardem sino también de la filmografía española. Según Heredero (1993: 338), se trata de una de las películas más importantes del cine de tesis y del llamado cine disidente. Este fuerte carácter de símbolo –también de signo problemático– fue reconocido por sus coetáneos españoles (García Escudero, 1955; Gómez Mesa, 1955) y, más especialmente, por los extranjeros (Aristarco, 1956). Aún hoy, más de sesenta años después, sigue generando debates e interpretaciones diversas (Evans, 2007; Marcos Ramos, 2015; Lema-Hincapié, 2008; Murillo, 2014). Este interés tiene que ver tanto con el mensaje de la película, que cuestionaba de forma velada a la alta burguesía, además de al franquismo, como con su forma, en la que sobresale la cuidada puesta en escena y el montaje. Para ello, Bardem utiliza la elipsis y la metáfora de forma sublime a fin de que sea el espectador ávido el que recomponga el mensaje del director ya que "construye un film obligado, aunque modélicamente metafórico, que hace de la elipsis tácitamente entendida por el público al que se dirige uno de los principales baluartes de sentido" (Torreiro, 1997: 364).

Bajo una apariencia argumental muy simple, *Muerte de un ciclista* es una película que retrata, como Bardem reclamaba para el cine español de la época, la situación sociopolítica de la España de los años 50. Para ello se sirve del drama y de algunos elementos del cine negro clásico, que tanto gustaba al director, que utiliza para trazar un retrato de la España de estos años y denunciar las desigualdades y la situación política del régimen. El hecho de que tanto la crítica como el público hayan sabido ver la excelencia de este filme es lo que la ha convertido en una película-evento "por el arrollador impacto social, político y artístico que tendrá en España y en el posterior cine disidente" (Deltell y García Sahagún, 2020: 358). Además de obtener una recaudación nada desdeñable, el equivalente a casi 100.000 euros, la película supuso una "fuerte sacudida […] en el mundo intelectual y universitario […] Bardem supo detectar un sentimiento que comenzaba a aflorar en una parte de la intelectualidad del franquismo" (Deltell y García Sahagún, 2020: 358).

Calificada como clásica (Morales, 1996), emblemática (Castro de Paz y Paz Otero, 2015) o una película-evento (Deltell y García Sahagún, 2020), *Muerte de un ciclista* es un filme capital para el cine español, al explotar de manera exitosa una nueva forma de hacer cine en la España de los años 50.

Esta película fue una de las "acciones" de la llamada política de "reconciliación nacional" que, a principios de los años 50, el Partido Comunista decidió realizar como cambio de estrategia, sustituyendo la lucha armada por otro tipo de acciones que buscaban

cerrar el abismo que entre las dos Españas (vencidos y vencedores) había abierto la Guerra Civil […] y destinada a convencer a todo el abanico de fuerzas democráticas de la necesidad de aunar esfuerzos en contra de los elementos más retrógrados y reaccionarios del aparato franquista (Zunzunegui, 2004: 89).

Este cambio se evidenció con la aparición de una nueva generación que exploraba formas expresivas diferentes en todos los campos artísticos. Destacaron en las letras nombres como Antonio Buero Vallejo, Carmen Laforet o Camilo José Cela, además de Ignacio Aldecoa, Carmen Martín Gaite o Rafael Sánchez Ferlosio, quienes, junto con los directores regeneracionistas, retrataron un país muy diferente. En el cine, muchos de los principales artífices provenían del Instituto de Investigaciones y Experiencias cinematográficas (I.I.E.C.). A estos hay que sumar aquellos que ejercieron una cultura de la disidencia desde otros sectores, como el artístico, el teatral, etc., muchos de los cuales sirvieron al PCE, aunque no comulgasen con las ideas marxistas, para organizar un movimiento disidente y contestatario contra el régimen. Se creó, además, la Organización de cineastas del PCE (OCPCE) cuyo objetivo fue "captar específicamente a los intelectuales del mundo del cine y crear plataformas de oposición dentro de la industria cinematográfica española que contrarresten la labor proselitista que el franquismo realiza a través de este medio" (Díez Puertas, 2001: 102). En septiembre de 1953 un grupo de cineastas, entre los que se encontraba Juan Antonio Bardem, se reunió en casa de Ricardo Muñoz Suay para comenzar a trabajar en todos los ámbitos culturales. En un Informe fechado en 1955 titulado "Actividades, situación y problemas de la organización de cineastas del PCE", se indicaba que "la actividad de la organización de cineastas, con sus aciertos y errores, demuestra la justeza de la línea política del partido, la justeza de la táctica del partido en relación con la combinación de trabajo ilegal y utilización de las posibilidades legales" (Anónimo: 2006: 362).

Juan Antonio Bardem, comunista convencido, estuvo presente, con mayor o menor implicación, en casi todas las acciones cinematográficas del PCE. En una entrevista que le realizaron en 1977 durante la celebración del festival de cine de Pesaro (Italia), declaró que "todo el trabajo que he hecho como autor o como trabajador de cine ha ido unido de forma solidaria con mi trabajo en el partido y con mi lucha dentro de él" (Romero, 2022: 9). Así, participó en los consejos editoriales de las revistas *Objetivo*, que significó la continuación de la revista crítica de izquierdas *Nuestro Cinema*, o *Nuestro Cine*, como primer presidente de la Agrupación Sindical de Directores-Realizadores de Cine, en la gestación de la productora UNINCI, o en la celebración de las Conversaciones de Salamanca –Bardem fue el encargado de inaugurarlas con la lectura de un "Informe sobre la situación actual de nuestra cinematografía" que escribió en colaboración con Muñoz Suay y Eduardo Ducay–. En todos los textos que escribió sobre el cine se puede observar sus inclinaciones marxistas y un afán por crear un cine testimonial y nacional, fiel a sí mismo y a los ideales comunistas. Como él mismo afirmó: "todo mi cine es político y marxista, menos el que podemos denominar con la rúbrica de películas alimenticias" (Romero, 2022: 170).

2.2. Contexto de realización.
Las Conversaciones de Salamanca

Resulta difícil entender una película como *Muerte de un ciclista* si no se tiene en cuenta su particular contexto: la España de Franco, un período de la historia de España que afectó a la cronología del cine español. Habría que matizar que el franquismo duró muchos años y no se puede hablar de uniformidad porque, tal y como lo define Edward Malefakis (2009: 255-256), se trata de un régimen bifurcado que "cambió radicalmente en el curso de su prolongada carrera [...] en toda la historia del mundo jamás ha habido una dictadura personal que cambiara tanto como la franquista". De hecho, en los años 50, fecha en la que se gesta esta película, el franquismo moderó ciertas formas de actuación a fin de vender una imagen más aperturista. El fin de la autarquía coincidió con un crecimiento de la renta que llegó a recuperar los niveles anteriores a la Guerra Civil. A pesar de esta aparente relajación del régimen, en el interior se siguieron vigilando todas las manifestaciones, ya fueran en forma de productos culturales o de partidos políticos, contrarias al gobierno. Sin embargo, el aparato de represión de la dictadura franquista

no fue capaz de sofocar del todo las ansias contestatarias de aquellos que creían que algo tenía que cambiar en todos los niveles de la vida española. Además, para los que confiaban en el valor aleccionador del cine, este se convirtió en una herramienta para mostrar un estado de cosas decepcionante (Martínez Castro, 2004: 767).

No se debe obviar que este movimiento contradiscursivo crítico con el franquismo, especialmente en aquello que atañe al realismo social, no se produjo de forma aislada en el cine, sino dentro de un contexto cultural mayor: la literatura, el arte, el pensamiento, etc. Además, hubo una serie de cambios de índole política y social que influyeron para que se pudiese hablar de un cierto movimiento contestatario, como

las modificaciones que el giro tecnócrata del franquismo imprimió en el panorama político, perceptibles en la Ley de Prensa e Imprenta de 1966 o en la Ley Orgánica del Estado de 1967; el desarrollo económico del país; o la progresiva consolidación de las plataformas de oposición al régimen (Sánchez Zapatero, 2013: 263).

Los años 50 estuvieron marcados por el encuentro de dos generaciones de cineastas. Por un lado, estaban los defensores del cine tradicional, cargado de folclóricas y falsos decorados, y, por otro, los que reivindicaban la realización de un cine político/social siguiendo, en la mayoría de los casos, los pasos marcados por el neorrealismo. Bardem pertenecía a los que Heredero (1993: 338) ha denominado "cine de la disidencia", un grupo de directores cuya producción se centró en los años 50 y que se caracterizaron por tener una clara voluntad renovadora. Muchos de estos directores comenzaron su carrera en el Instituto de Investigaciones y Experiencias Cinematográficas (IIEC), inaugurado en 1947 gracias a ciertos resquicios de aperturismo promovido por el Ministerio de Educación Nacional. En el año 1950 se graduó la primera promoción, en la que destacaron Bardem y Luis García Berlanga, que formaron un tándem cinematográfico hasta principios de los años 60, cuando su amistad, debido al parecer a cierta rivalidad, se rompió. Sobre este aspecto existen varias versiones ya que, aunque hay declaraciones de ambos indicando que se habían distanciado, en una entrevista que les hicieron en el año 80 y que Eladio Romero García (2022: 166) recoge, ambos directores indicaron que "la amistad entrañable entre Luis y yo ha, incluso, resistido la voluntad maldiciente, durante cuarenta años, de muchos curiosos que han tratado, sin conseguirlo, de que nos peleásemos". Berlanga corroboró las palabras de Bardem indicando que "nos llevamos tan bien que hasta nos 'hostiamos' a veces, como toda pareja que se quiera un poco". Sea verdad o no esta enemistad, sí que es cierto que dejaron de trabajar juntos tras dirigir ambos *Esa pareja feliz* y escribir el guion de la célebre *Bienvenido, Míster Marshall*.

Bardem (2002: 130) describió en sus memorias cómo fueron esos años para él:

Aquél fue [1950], como en Dickens, «el mejor de los tiempos y el peor de los tiempos». El peor, por la Dictadura, que te obligaba a disimular hasta el límite de lo posible tus genuinas convicciones. En cierto modo «estar» en la Guerra Civil, luchar en ella como combatiente era la muerte del disimulo y uno podía participar en ella defendiendo sus creencias y sus ideales revolucionarios. También podía morir en ella, «ça va de soi»; pero no tenías que disimular nada. Este disimulo –que no negación– de tu ideología fue haciéndose una costumbre malsana durante la larga noche del franquismo desde el final de la Guerra Civil, 1939, hasta digamos los primeros intentos de la creación de la Junta Democrática. Disimulabas tu condición de comunista ante tu familia, ante tus compañeros de estudios y de trabajo por muy íntimos tuyos que fueran, ante tus conocidos. Y aunque constantemente se te viera el «plumero», ello no constituía nunca una prueba fehaciente de tu militancia. La libertad –por la que muchos luchábamos– consistía en poder decir las cosas por su nombre, sin ambages, circunloquios, dobles sentidos, claves crípticas, máscaras. La libertad era poder respirar sin «mascarilla», a pleno pulmón. Y el mejor de los tiempos, porque uno disponía de una enorme energía juvenil, de una esperanza ilimitada para llevar a buen puerto tu praxis revolucionaria, utilizando todos los resquicios legales o ilegales que denodadamente buscábamos en el muro de la Dictadura.

En estos años se produjo un encuentro que fue clave en el devenir del cine español, las denominadas Conversaciones de Salamanca. Según Berlanga (Gómez Rufo, 1990: 166), su origen "fue la Semana de Cine Italiano que se celebró en Madrid mientras nosotros éramos todavía alumnos de la Escuela de Cine". En mayo de 1955, el director Basilio Martín Patiño reunió en Salamanca a un grupo de profesionales del cine –entre las personalidades más destacadas estaban José María García Escudero, José Luis Sáenz de Heredia, Fernando Fernán Gómez, Fernando Lázaro Carreter, Antonio del Amo, Carlos Saura, Luis García Berlanga y el propio Bardem– para impulsar una cinematografía que abriera nuevos horizontes creativos e industriales. En las palabras inaugurales que pronunció dejaba clara su opinión sobre lo que era el cine ya que "por encima de lo económico y estructural, es un fenómeno de ideas" (Martín Patino, 2006: 291). El objetivo era actualizar el cine español, hacerlo más crítico y que se identificara con una realidad que no estaba siendo proyectada en las películas. Según Carmen Arocena (2005: 84), estas conversaciones "funcionaron como una especie de crisol en el que se depositaron gotas de todas las corrientes del pensamiento presentes en la cinematografía española del momento".

Al comienzo de estas jornadas, Bardem realizó un discurso en el que afirmó que "el cine español es políticamente ineficaz, socialmente falso, intelectualmente ínfimo, estéticamente nulo, industrialmente raquítico" (Riambau, 2007: 257). Además, Bardem y Martín Patino señalaron que "el cine español vive aislado: aislado no sólo del mundo sino de nuestra propia realidad [...] El problema del cine español es que [...] no es ese testigo que nuestro tiempo exige a toda creación humana" (Aristarco, Pérez Perucha y otros, 1989: 226). Esta fue una de las máximas que Bardem aplicó a su cine, no solo al que realizó al comienzo de su carrera, sino al de toda su filmografía, ya que para él "el deber del cine realista es siempre el de mostrar en un lenguaje de luces, imágenes, sonidos, la auténtica realidad de nuestro mundo, de nuestro ambiente cotidiano, 'aquí y ahora', en el lugar donde vivimos hoy" (Bardem, 1956: 25).

El papel que tuvo Bardem en estas Jornadas fue muy relevante, con un protagonismo indiscutible, como afirma Cerón Gómez (2006: 103), tanto porque

> estaba en su momento de mayor prestigio nacional e internacional como por formar parte del grupo que ideológicamente comandaba las Conversaciones y que aspiraba a rentabilizarlas políticamente. Fue el único cineasta en activo que defendió una ponencia cuya síntesis, además, fue incorporada a las conclusiones sin enmienda y encabezándolas.

Muerte de un ciclista fue proyectada con todos los honores, aunque también pudieron verse diversas películas[1], como *Bienvenido, Míster Marshall* (Luis García Berlanga, 1952) o *Ladrón de bicicletas* (Vittorio de Sica, 1948), entre otras. Pero no solo tuvo un papel relevante él, sino también el PCE, que se encargó de su organización y las aprovechó de manera ideológica, como se recoge en el documento anónimo titulado "Actividades, situación y problemas de la organización de cineastas de PCE (1955)" recogido por Nieto y Company (2006), en el que se hace una valoración de lo que este encuentro supuso para la izquierda española.

---

1 Para conocer las películas que se proyectaron y la repercusión que tuvieron estos visionados se puede consultar (Cerón Gómez, 2066).

Además de hablar sobre la función del cine español y de la necesidad de que se produjera un cambio dentro de la cinematografía en cuanto a estética, temática, etc., las Jornadas sirvieron para cuestionar el modelo de funcionamiento de la industria, que fue definida por Bardem como raquítica, aludiendo a

una falta de consistencia industrial, que, si bien desde la oficialidad se traslada a la poca profesionalidad del ramo y al mal uso de la protección estatal, el problema es también estructural y dependiente de unas fórmulas económicas y jurídicas cuya vigencia no impidieron la ruina de la primera productora del país, Cifesa, que en 1952 interrumpe definitivamente sus actividades (Martínez Bretón, 2006: 143).

Entre las medidas que se propusieron destacan que las ayudas económicas se efectuasen sobre películas de calidad artística, la necesidad de una crítica "honrada y libre" y la creación de la Federación de Cineclubs, una ordenación jurídica del cine, la realización de contratos laborales o la concesión de becas para los aprendices (Marcos Ramos, 2015: 370).

Estos encuentros se caracterizaron por su cariz evidentemente político, aunque, como indicó en una entrevista Muñoz Suay, "cuando se habla de la lucha antifranquista, nunca se citan las Conversaciones. Y sin embargo tuvo una importancia enorme" (La Vanguardia, 1985). Además, las Conversaciones de Salamanca marcaron un antes y un después en la historia del cine español. A nivel estético, "Salamanca había significado la definitiva entronización del Neorrealismo como modelo no mimético del empeño regeneracionista del cine español, epitafio de la mera 'moda' neorrealista y prólogo de los nuevos empeños modernizadores" (Monterde: 2006: 60), y supusieron

un punto de referencia en la efervescencia intelectual de una generación de posguerra que ve en el séptimo arte el vehículo ideal de sus sueños y el instrumento más adecuado para canalizar los impulsos regeneracionistas de un país anclado en la arbitrariedad política y en una autarquía que ensombrece el desarrollo económico y social (Martínez Bretón, 2006: 141).

Es cierto que, cuando se habla de su importancia, suele predominar el matiz político o incluso estético, y se obvia la relevancia que tuvieron para crear una industria cinematográfica. Para Martínez Bretón (2006: 152), la importancia de las Conversaciones

es incuestionable. El espíritu de reforma se encuentra en los términos pincelados en aquel encuentro. No hay otra fórmula. Después del tiempo transcurrido, la alternativa real, tanto para la derecha como para la izquierda no radicalizadas, sigue las indicaciones en las reivindicaciones allí aprobadas.

José Enrique Monterde (Gubern et al., 1997: 283-284) indicó su valor histórico de manera contundente:

> sin magnificar su significación, sin mitificar sus consecuencias –ni en sentido positivo, ni en lo que algunos entienden como negativa incidencia del devenir de la industria del cine español–, sin mantener su vigencia hasta la actualidad como algunos pretenden, lo indudable es el valor inmediato de aquellas jornadas y su carácter de símbolo no ya de la disidencia cinematográfica, sino de las nuevas actitudes políticas que estaban surgiendo en el seno de la acción antifranquista.

A pesar de la importancia que tuvieron y aunque su objetivo era realizar un encuentro anual, nunca volvieron a producirse, quizá porque, como se recoge en un informe interno de 1955 del Partido Comunista, sus repercusiones eran "todavía más profundas de lo que en los análisis más optimistas se había propuesto" (Gubern, 2006: 165), y a que el régimen se dio cuenta del marcado carácter comunista y, a pesar de que "la ausencia de represalias de la dictadura contra los miembros de la disidencia salmantina delataba la 'descomposición del franquismo'" (Gubern, 2006: 165), muchos de los organizadores sufrieron una alta persecución, como el propio Bardem, cuyos proyectos se vieron censurados, por lo que ni los organizadores ni el régimen permitieron que volvieran a celebrarse.

2.3. Génesis y desarrollo

Muerte de un ciclista empezó a gestarse en el Festival de Cannes de 1954 al que acudió Bardem para presentar *Cómicos*, su primera película como director. Manuel J. Goyanes le propuso trabajar como director de una historia que a Bardem no le sonaba nada lejana, pues ya había oído hablar de un argumento llamado "Muerte de un ciclista" que, basado en una noticia de prensa, había sido escrito por Luis Fernando de Igoa haciéndose eco de las informaciones sobre un obrero atropellado mientras se dirigía en bicicleta a su trabajo. En sus memorias rememoró este momento:

Había llegado a mis oídos en Madrid que Luis Fernando de Igoa, uno de los directores del teatro María Guerrero, adjunto o ayudante de Luis Escobar y Huberto Pérez de la Ossa, tenía o había escrito un guion titulado *Muerte de un ciclista*. A mí ese título me sedujo y me fecundó. Parece ser que trataba básicamente de una pequeña noticia periodística. Una pareja "adúltera" atropellaba a un ciclista en una carretera y le dejaba morir, sin socorrerle, dado que no podían dar cuenta del "incidente" a la policía o a la urgencia médica, por sus relaciones "inconfesables" (Bardem, 2002: 197).

Tras hacerse con los derechos, que eran propiedad de la productora Atenea Films, Bardem reescribió prácticamente el guion porque "era infumable, así que yo tuve las manos libres para reescribirlo *ex novo*. Naturalmente, fue previo comprar los derechos de L. F. Igoa. En los títulos de crédito de la película se lee que el guion está basado en una idea de L. F. Igoa" (ibid.: 197).

En su escritura estuvo presente, como él mismo reconoció, la película *Crónica de un amor,* de Michelangelo Antonioni (1950), que también trata de una mujer infiel y está protagonizada, casualmente, por Lucía Bosé. Esta inspiración persiguió a Bardem toda su carrera pues, aunque le acusaron varias veces de plagiario, en esta ocasión "las excesivas similitudes y el recuerdo duradero que había dejado la película italiana hicieron que el comentario fuera generalizado" (Castro, 2013: 202-203). En sus memorias, el propio Bardem (2002: 197) reconoció la influencia de la novela de León Tolstói *Resurrección*, en la que el protagonista realiza un camino similar a Juan al cambiar su vida tras darse cuenta de lo vacía que es esta.

Bardem tuvo muy claro quién quería que fuese la protagonista de su película: la actriz y modelo italiana Lucía Bosé, a quien había conocido en el Festival de Venecia debido a que el *Circolo Romano del Cinema*, que dirigía Cesare Zavattini, había auspiciado la presentación de *Felices Pascuas* (1954) (ibid.: 197). Allí le ofreció "la protagonista de Muerte, una vez que le hube contado la historia, y ella aceptó encantada" (ibid.: 197). El hecho de que dos películas tan similares como son *Crónica de un amor* y *Muerte de un ciclista* estuviesen protagonizadas por la misma actriz no hizo más que reforzar la tesis de quienes le acusaban de que la película se parecía en demasía a la cinta italiana. El propio Bardem habló sobre esta polémica:

Crónica de un amor y MUERTE DE UN CICLISTA difieren notablemente la una de la otra. Quizás muchos no se dieron cuenta de ello, y uno de estos fue

> el pobre François Truffaut, que me acusó de plagiario. No se dio cuenta a pesar de ser un crítico muy egregio de por entonces, de que Crónica de un amor es una crónica social y MUERTE DE UN CICLISTA es una crónica política cien por cien. Si no supieron verlo yo no tengo la culpa (De Abajo de Pablos, 1996: 41).

A pesar de que Bardem había llegado a un acuerdo con Lucía Bosé, debía ser el productor quien la contratase, pero este no estaba de acuerdo porque "no la conocía, no había visto ninguna película suya, alguien le había dicho que estaba tuberculosa –en realidad, le habían hecho un neumotórax–; tendría que buscar un coproductor italiano" (Bardem, 2002: 198). También tuvo que enfrentarse a las presiones del actor-director Abel Salazar, quien quería que fuese su mujer, Gloria Martín, la contratada. Bardem, muy hábil, accedió a hacer una prueba a la actriz, pero, de acuerdo con Alfredo Fraile, el director de fotografía, esta salió mal: "yo rogué a Alfredo Fraile que hiciese 'trampa' y no la sacase muy favorecida, y así lo hizo" (ibid.: 198). Si para el papel femenino Bardem tuvo claro quién era la actriz ideal para ser María José, para el de Juan no lo tenía porque no le "gustaba ninguno de los actores punteros del cine español. Benito Perojo postuló el nombre de Alberto Closas, un actor catalán que se había hecho en Argentina y Uruguay [...] y ahora era un actor puntero, una 'estrella' del cine argentino" (ibid.: 198).

Una vez configurado el reparto final, se firmó el contrato de dirección. Según declaró el propio Bardem (De Abajo de Pablos, 1996: 38), su contrato

> iba a beneficios nada más; es decir, que Manolo Goyanes me explicaba cómo iba la financiación y los beneficios que se podían obtener aún antes de estrenarse la película. Él se quedaba con el sesenta y yo con el cuarenta de los beneficios, y si la película obtenía un premio, entonces subía al cuarenta y cinco. Y entonces yo recuerdo que el resultado de beneficios de *Muerte de un ciclista* fue para mí de un millón de pesetas. Claro, un millón de pesetas de 1955 era, realmente, una cantidad enorme. Y es lo que me hizo pronunciar la famosa frase de "Ya no seré nunca más pobre". Lo cual, la realidad ha demostrado que lo puedo ser inmediatamente. Para entonces una cantidad impresionante. Pero no era un contrato.

Bardem comenzó entonces a contactar con quienes formaron el núcleo principal de trabajo: "Enrique Alarcón como decorador, Miguel Pérez Marián como regidor, además de Alfredo y César Fraile, en la cámara" (Bardem, 2002: 198). Se firmó, además, un acuerdo de coproducción "que garantizaba una defensa contra la censura y otras muchas cosas" (De Abajo de Pablos, 1996: 9) con Trionfalcine, que aportó el 30% del capital, además de a Lucía Bosé, a Otello Toso, el marido de María José, y a Bruna Corrà[2], quien se encargó de interpretar a Matilde. Al ver que el acuerdo se retrasaba, el 19 de octubre de 1954 solicitaron el permiso de rodaje como una película de producción española de manera exclusiva, y tan solo diez días después les llegó la respuesta positiva, por lo que "empezamos a rodar en noviembre de 1954 y terminamos en enero del año siguiente" (Bardem, 2002: 199). El rodaje se realizó "en escenarios madrileños, como la parroquia de San Marcos o el hipódromo de la Zarzuela, y de los alrededores de la capital. Para interiores se echó mano de los míticos Estudios Chamartín" (Romero, 2022: 57). El 29 de noviembre de 1954 se llegó a un acuerdo con la productora italiana Trionfalcine. El montaje de la película lo realizó Margarita de Ochoa, pues "mi montadora, a partir de *Felices Pascuas* y hasta su muerte, fue siempre 'Madame' Ochoa, Margarita Lauvergeon, a la que todo el mundo en el cine español conocía como 'Madame'" (Bardem, 2002: 199).

2.4. Censura, estreno y repercusión

En este punto conviene aclarar cómo funcionaba en España la censura, que operaba en dos fases distintas (Cerón Gómez, 1999: 25). Para poder rodar la película era imprescindible tener el permiso de rodaje, que se obtenía tras el visto de la Junta de Censura una vez presentado el guion a la Dirección General de Cinematografía. La Junta de Censura analizaba el guion y hacía las pertinentes correcciones, aunque también podía darse el caso de que lo prohibiese en su totalidad. Una vez rodada la película, esta se presentaba, en forma de copia íntegra, a la censura, que volvía a revisarla y a emitir un informe en el que podía indicar algunos cortes. Era imprescindible este paso para lograr el permiso de exhibición. Por otro lado, debía obtenerse una clasificación, establecida por una junta ministerial, que iba desde la máxima

---

2 Dado que el acuerdo de coproducción llegó más tarde que la fecha de inicio del rodaje, Bardem filmó varias escenas con la actriz española María Rey y la italiana Bruna Corrà. Finalmente, el acuerdo de coproducción se firmó y en la copia final aparece la actriz italiana.

categoría (el Interés Nacional y IOA) a la mínima (3"), que determinaba, además, las subvenciones que recibía la película.

Una vez escrito el guion, Bardem tuvo que enfrentarse a la censura y, al ser una coproducción, la película pasó por dos comités. Los cinco censores españoles, cuyo informe final indicaba hasta diez modificaciones, solo opusieron reparos morales, fundamentalmente al adulterio. Tan solo realizaron dos apuntes de tipo político: que la huelga de estudiantes se transformase en una protesta ante las autoridades académicas y que el cuñado de Juan no fuese subsecretario, sino alguien relevante. En el informe que se realizó (AGA, 1954-1960), se indicaba que el protagonista debía sentir remordimientos también por el adulterio[3] que estaba cometiendo, más quizá que por el asesinato. Llama la atención que, entre las diversas anotaciones, no se dio importancia al tema político, cuando hay directrices tan peculiares como la que realizó el lector de la Iglesia, que indicó que el marido debía tener una actitud "más gallarda y que no parezca que ésta le pone los cuernos" (AGA, 1954-1960). También se censuró el final de la película, que se cambió en varias ocasiones hasta dar con el que al régimen más le satisfacía, que no era otro que la muerte de los dos amantes, castigando así la infidelidad que habían cometido. Sobre este aspecto ha habido una serie de controversias generadas por el propio Bardem, quien primero afirmó que la película "estuvo prohibida durante un tiempo y luego tuve que cambiar el final" (Bardem, 2022: 129), para después rectificar sus palabras indicando que "siguiendo el consejo de una buena amiga, para que pasásemos la censura teníamos que matar a los protagonistas, a los adúlteros; porque, pensándolo bien, como la censura desconfía de la justicia divina, había que castigar a los responsables del adulterio, delante del espectador. Y eso es lo que hicimos" (ibid.: 130). Esta afirmación corrobora que el guion que se presentó a la Junta de Censura con la solicitud de permiso de rodaje el 19 de octubre de 1954 sí recogía este final.

Dado que era una coproducción, el guion también fue presentado a la censura italiana quien, en una misiva que llegó el 13 de enero de

---

3 El adulterio fue considerado delito en España hasta el 26 de mayo de 1978, fecha en la que fue suprimido del Código Penal bajo el gobierno de Adolfo Suárez y Landelino Lavilla como ministro de Justicia.

1955, indicaba que debían recortarse todas las referencias relativas a la Guerra Civil:

> se aprecia cierta tendenciosidad en la forma de ser presentada la clase social a la que pertenecen los protagonistas del asunto. Es una tendenciosidad –conviene decirlo– especialmente inoportuna, en este caso tratándose de una coproducción destinada a ser explotada en el mercado internacional (A.M.C., 1954: 125).

Aunque la censura italiana solicitó cambios, los censores españoles ya habían autorizado el rodaje, por lo que las indicaciones italianas no se siguieron, a pesar de que eran más restrictivas e incidían en el matiz sociopolítico de la película. Fueron los italianos los que se dieron cuenta de lo malparada que quedaba la alta burguesía y el carácter político del personaje de Juan, un excombatiente del bando nacional favorecido con una plaza en la universidad, que acababa por considerar un error su actuación durante y después de la guerra. Así, propusieron eliminar el diálogo que Juan tiene con su madre, que concluye con un amargo juicio de este sobre la inutilidad de los sacrificios de los hermanos caídos en la guerra. También aquellas secuencias donde quedaba clara la vaciedad de los ritos religiosos, la relación de la opulencia de clases y la falsa caridad. El siguiente diálogo fue uno de los que se quiso censurar:

> María José: ¿Qué piensas? Dime ¿qué piensas?
>
> Juan: En lo nuestro. Sí, en lo nuestro. ¿Qué es? ¿Amor? ¿Pasión? ¿Pasatiempo?
>
> María José: ¿Tú me quieres Juan?
>
> Juan: Si. Creo que sí. Nunca me lo había preguntado. Has sido tantas cosas para mí durante tantos años.
>
> María José: Tu novia, tu amante…
>
> Juan: Nunca mi mujer.
>
> María José: Estuve a punto de serlo ¿no? … la guerra…
>
> Juan: Si. La guerra… La guerra es algo muy cómodo, se le puede echar la culpa de todo. De los muertos, de las ruinas, de los tipos como yo que se quedan vacíos por dentro y no vuelven ya a creer en nada… Ni siquiera en la novia buena que no espera y se casa con un hombre rico. Es tonto decir estas cosas, parece una novelita rosa.
>
> María José: Aquello fue una equivocación y una necesidad. Sobre todo, una necesidad.
>
> Juan: ¿Tuya?

María José: No seas cruel. Sabes que te quiero a ti.

Juan: ¿Cómo qué? La señora María José de Castro bosteza en los cócteles, se aburre en los campeonatos de canasta, se aburre en los conciertos de gala. El viejo amor de los 18 años puede ser ahora una aventura romántica, algo agradable y excitante… Mientras no haya complicaciones.

Cuando estaba rodando la película, Bardem recibió una invitación del director del Festival de Cine de Cannes para que formase parte del jurado internacional, lo que supuso una gran alegría porque era el primer español que formaba parte de él. La felicidad no fue completa, ya que la intención era presentar la película a la competición. Manuel Goyanes y él decidieron que "lo más prudente era que [yo] aceptase ser miembro del jurado internacional […] y presentar Muerte fuera de concurso: eso daría a la película un gran aparato internacional" (ibid.: 199).

La película, clasificada como 1ªA, fue proyectada en el Festival de Cannes, que se celebró del 26 de abril al 10 de mayo de 1955, en versión original en español, sin subtítulos y "con el permiso tácito de la censura, era la versión original sin ningún corte. La sala estaba abarrotada y el éxito fue delirante, tanto de público como de crítica" (ibid.: 201). La proyección se realizó un lunes por la mañana coincidiendo con una fiesta, lo que no impidió que el cine se llenase, por lo que tuvo que programarse una segunda sesión esa misma noche, donde volvió a recibir elogios y aplausos de los asistentes. La película obtuvo el premio de la crítica por parte de la Federación Internacional de la Prensa Cinematográfica (FIPRESCI), y Bardem se convirtió, según sus propias palabras, "de la noche a la mañana, según algunos especialistas, en uno de los cinco mejores directores de todos los tiempos" (ibid.: 201).

Apenas cuatro días después del estreno en Cannes de *Muerte de un ciclista* y antes de ser estrenada en cines, Bardem acudió a Salamanca. Tal y como él mismo narró en sus memorias, viajó en coche hasta la ciudad castellana con las bobinas cargadas en el coche en un viaje en el que tuvo varios percances, entre ellos un inoportuno dolor de muelas (ibid.: 150-151). En el marco de las Conversaciones de Salamanca se realizó un pase privado de la copia sin los cortes establecidos por la censura, tal y como se había estrenado en Cannes, y rápidamente se convirtió en una película de culto al declararla, los asistentes a las Jornadas, un símbolo de la resistencia (Riambau, 2007: 257). En su libro de memorias, Bardem rememoró esta proyección e indicó que "tuvo un éxito delirante" (Bardem, 2002: 152). Este hecho, junto con la enorme expectación que despertó tras su exhibición en Cannes, generó, para su estreno, en Madrid

un amplio debate que tenía a dos de sus personajes como ejes fundamentales: Juan, como figura que representaba al intelectual falangista desengañado del régimen, y Matilde, la estudiante que venía a simbolizar la nueva actitud opositora que se estaba incubando en las aulas universitarias (Cerón Gómez, 1999: 28).

Esto alertó a la Censura, que "detuvo su dictamen hasta que quedase a su gusto una escena determinada de la película. Previamente ya había hecho una serie de 'cortes', y esos eran inapelables. La 'revuelta' de los estudiantes quedó reducida a la mínima expresión" (Bardem, 2002: 201). Pero lo que verdaderamente preocupaba a los censores era "la última escena íntima de Alberto Closas y Lucía Bosé. Alberto, o sea Juan, estaba dispuesto a empezar una nueva vida con su amada María José (Lucía Bosé)" (ibid.: 201). Era imprescindible que Juan se arrepintiera, por lo que Bardem

incluyó a regañadientes en una de las últimas escenas de la película, aquella en la que Juan, el profesor y amante, le dice a María José: "Ahora tenemos que purificarnos, volver a ser buenos y limpios, pagar el mal que hemos hecho". Palabras que siempre horrorizaron al director (Romero, 2022: 60-61).

El proceso de los cambios fue desquiciante, ya que la Censura solo se limitaba a indicar lo que se debía cambiar, pero no en qué sentido. Sobre esta parte, que fue modificada en una ocasión realizando cortes en el montaje y añadiendo nuevos diálogos y que fue, de nuevo, rechazada por la Junta, Bardem escribió trece versiones y "obligó" a Alfredo Timmermans, el subdirector general de Cinematografía, a elegir la que más le satisfacía. Además, se cambió el primer final, que era abierto, en el que María José se va en el coche tras atropellar a Juan, por uno moralizante:

[la película] estuvo prohibida durante un tiempo y luego tuve que cambiar el final. Pero los problemas eran de orden moral, no de orden político. Me cortaron parte de la manifestación estudiantil y me hicieron cambiar el final, cosa muy curiosa, porque en el fondo demostraba que los censores no creían ni en la Justicia ni en la Misericordia Divina, ya que obligaban a que todo señor que hiciese un acto reprobable cayese fulminado inmediatamente (Castro, 1996: 60-61).

Finalmente, tras las últimas modificaciones solicitadas por la censura española y efectuadas por Bardem, la película fue autorizada el 20 de abril de 1955 para mayores de 16 años y recibió la calificación de 4, esto es, altamente peligrosa. El estreno público tuvo lugar el 9 de septiembre de 1955 en el cine Gran Vía de Madrid, para después proyectarse en el cine Paz, también en la capital. Estuvo 52 días en cartel y fue vista por 37.287 espectadores, con recaudación de 97.879,20 euros, más que *Bienvenido Mr. Marshall* (Luis García Berlanga, 1953), que consiguió una recaudación de 39.322,58 euros con 25.248 espectadores, o que incluso *Calle Mayor,* que tan solo fue vista por poco más de 2.000 espectadores y recaudó poco más de 2.000 euros, aunque lejos de la película más vista de la época, *Marcelino pan y vino* (Ladislao Vajda, 1955), que logró el récord de recaudación, 583.450 euros. Curiosamente, esta película estaba a concurso en Cannes cuando Bardem era jurado y le causó problemas con algunos representantes españoles. Según Bardem (2002: 201), "al jurado del festival no le había gustado la película y no la consideraba en absoluto como un posible premio mayor […] Lo único que obtuvo *Marcelino* fue una mención al trabajo del niño Pablito Calvo compartida con un actor infantil indio".

La película fue distribuida internacionalmente, ya que se vendió a Japón, a casi toda Europa e, incluso, a Estados Unidos. En líneas generales, recibió muy buenas críticas, excepto la de Luis Gómez Mesa, del diario *Arriba* (Castro de Paz y Paz Otero, 2015: 37-38), que le exigía a Bardem que se definiera políticamente. En una entrevista que le realizaron junto a García Berlanga para la revista *Cinema 2002*, le preguntaron sobre este aspecto, y Bardem indicó que él "no iba a ir con el carnet del partido en la boca, paseándolo por la calle. El que quería entender entendía, pues esa película, como muchas otras mías, está hecha desde una concepción marxista del mundo. Para mí, de todas formas, todas las películas son políticas" (Romero, 2022: 169). El reconocimiento que obtuvo en Cannes, el que fuese nombrado como "uno de los diez mejores cineastas del mundo, según una encuesta de la revista francesa *Ars* realizada en 1957" (Heredero, 2022: 21) y el éxito cosechado en España hacen que esos años fueran los mejores para él, ya que vivió "en lo más alto de su prestigio artístico, lo que le permite poner en pie, casi inmediatamente a continuación, un nuevo y ambicioso proyecto: *La venganza* (1957), a partir de un guion titulado inicialmente *Los segadores*" (ibid.: 21). Tampoco le resultó difícil conseguir el apoyo de Manuel Goyanes para producir su siguiente proyecto, *Calle Mayor*, una personal adaptación del sainete escrito en 1916 por Carlos Arniches, *La señorita de Trevélez*, que contó "con un presupuesto generoso que le permite embarcar en la empresa a la estadounidense Betsy Blair como protagonista" (ibid.: 19).

Muerte de un ciclista supuso una renovación en el cine que se estaba realizando en la época y un aire fresco para los que buscaban hacer otro tipo de filmes. Esta película y otras de Bardem, especialmente *Calle Mayor*, fueron "la columna vertebral de la disidencia crítica y abre la puerta a la corriente más comprometida del cine de calidad que se va a ensayar en España durante las dos décadas siguientes" (ibid.: 26).

3. SINOPSIS ARGUMENTAL

Tras una de sus citas secretas, Juan y María José, antiguos novios y ahora amantes, atropellan a un ciclista, al que no auxilian y dejan abandonado en la carretera. Sin cruzar palabra, tan solo algunas miradas llenas de duda y reproche, llegan a Madrid y, mientras se abrazan, María José le confiesa su miedo. Juan la tranquiliza diciéndole que nadie los ha visto. Ambos siguen con su vida: ella con sus fiestas acompañada de la más alta burguesía entre los que se encuentra el cuñado de Juan, un alto funcionario del gobierno franquista, y Miguel, su rico marido; él con sus clases en la Universidad a cuyo puesto de trabajo ha accedido debido a los contactos de su cuñado.

La vida, aparentemente, continúa para ellos, pero, en una de las fiestas a las que acude María José, Rafael, un crítico de arte de su círculo de amigos, le insinúa que sabe un secreto de ella y comienza a hacerle chantaje. El remordimiento por lo que han hecho atormenta a Juan, quien, cuando está cuidando un examen, lee el periódico buscando si hay alguna noticia del atropello. Ve un titular que le alarma, "Muerte de un ciclista", y, de manera brusca, le dice a una alumna que está realizando un examen oral en el estrado, que lo abandone. Esta, avergonzada, se sienta en su silla ante la mirada de sus compañeros que asisten, entre murmullos, a la situación.

El grupo de amigos, entre los que se encuentra Carmina, la hermana de Juan, su marido, Juan, María José y Rafael acuden al hipódromo. Allí, de forma discreta, María José le cuenta a Juan la conversación que ha mantenido con Rafael y las sospechas que ella tiene. Rafael acude a hablar con ellos y les insinúa que sabe un secreto que les afecta a ambos, pero no termina de dejar claro si solo conoce su aventura o si también sabe que atropellaron y mataron a un hombre. María José intenta averiguar qué sabe exactamente Rafael, para lo cual no duda en citarse con él y utilizar todos sus encantos. Mientras, Juan debe enfrentarse a Matilde, la alumna a la que ha suspendido, quien le muestra su malestar y le indica que no hay mucho que pueda hacer frente a él ya que es alguien importante, pero también a sus remordimientos, que aumentan tras la visita que hace al barrio obrero en el que vivía el ciclista atropellado. La tensión crece para Juan, quien se cuestiona lo que ha hecho y su posición en la vida, pero también para María José, quien duda de lo que sabe su marido, especialmente tras una conversación sobre las hipotéticas posibles consecuencias de lo que le puede suceder a una mujer adúltera.

Tras una fiesta en la casa de Carmina organizada para agasajar a un grupo de americanos, todos acuden a un tablao flamenco en el que Juan y Rafael se enfrentan y este decide contarle al oído a Miguel lo que sabe de ellos. Rafael, María José y Miguel suben a la azotea para hablar y, para sorpresa de María José y Rafael, Miguel desacredita la historia de este defendiendo a su mujer. Mientras, Juan se va a la universidad con unos policías que han ido a buscarlo, ya que se han producido una serie de revueltas de un grupo de alumnos que han decidido denunciar la injusticia cometida con Matilde. Lejos de asustarse por las consecuencias que le pueda ocasionar, Juan siente admiración por la solidaridad de los estudiantes, como le manifiesta a Matilde en el Decanato. En la larga conversación que mantienen, se puede comprobar que Juan se ha transformado, ya que, si bien la muerte que causó en el atropello despierta su conciencia, la visita a la casa del ciclista y, en mayor medida, el apoyo de los estudiantes hace que sea consciente del egoísmo y de los privilegios de aquellos que ganaron la guerra, lo que le lleva a presentar su renuncia como profesor y a querer confesar su crimen. Esta decisión no es compartida por María José, quien se iba a ir de viaje con su marido liberada del chantaje de Rafael, por lo que, al darse cuenta de que su vida perfecta se esfuma, decide atropellar a Juan en el mismo lugar en el que murió el ciclista. En su huida, apremiada por la hora en la que debe regresar a su casa para irse con su marido, la velocidad y la temeridad con la que conduce le juegan una mala pasada y, al ir a esquivar a un ciclista que hay en la carretera, su coche se precipita por un puente causándole la muerte. La diferencia, en este caso, es que el ciclista, tras unos momentos de duda, sí acude a auxiliarla.

4. Estructura del filme

Muerte de un ciclista es una película de estructura narrativa lineal, sin indicaciones cronológicas y con una duración de ochenta y dos minutos si se incluyen los títulos de crédito, por lo que responde a los estándares de duración de las películas de la época. Está dividida, siguiendo las lógicas del cine más clásico, en planteamiento, nudo o desarrollo y desenlace, que coinciden con la evolución del personaje de Juan y su toma de conciencia, tema habitual en el cine de Bardem.

El planteamiento se inicia en el minuto cero de la película, con el atropello del ciclista, y dura algo más de dieciocho minutos. En esta parte se muestra el desosiego que tiene la pareja protagonista por el acto que han cometido, aunque este tiene orígenes distintos, ya que a Juan le preocupa que han matado a alguien y a María José que su infidelidad sea descubierta. Se presenta a los personajes secundarios, como Miguel, el rico y bien posicionado marido de María José, o Rafael, un crítico de arte que pertenece al círculo de amigos de María José y Miguel, que comienza a chantajearla. Además de hacer presente la relación adúltera de María José y Juan, se muestra el trabajo de este, profesor universitario, y la injusticia que comete al suspender a Matilde durante la realización oral de un examen. La incertidumbre de saber qué secreto conoce Rafael sobre ellos cierra esta primera parte, para lo cual se utiliza un fundido encadenado.

En el desarrollo, que se extiende hasta el minuto 51 y 09 segundos, se avanza en dos sentidos. Por un lado, María José intenta averiguar qué sabe Rafael y qué le ha contado a su marido. Cuando descubre que este no da pábulo a las conjeturas de Rafael, se muestra confiada y relajada. En paralelo, Juan visita la casa del ciclista y descubre una nueva realidad a la que permanecía ajeno, lo que hará que comience su proceso de toma de conciencia y cuestionamiento de su vida desde el final de la Guerra Civil hasta el momento del atropello.

El desenlace dura algo más de veintiocho minutos y comienza con la verbalización, más o menos velada, del cambio interior que se está produciendo en Juan, que es consciente de ello cuando contempla las manifestaciones que se realizan en la universidad como protesta por lo sucedido con Matilde. Juan decide renunciar a su trabajo y entregarse a la policía, mientras que María José se muestra feliz por el apoyo recibido de su marido. La distancia entre ambos se hace patente cuando se reúnen en una iglesia para hablar. Para Juan ha llegado el momento de expiar sus pecados, por lo que ha decidido entregarse a la policía; sin embargo, María José cree que el dinero es el mejor modo de borrar lo sucedido. El hecho de que su amante no se arrepienta provoca en Juan un gran abatimiento. Entrega a Matilde su carta de renuncia entre frases premonitorias del trágico final: "Voy a hacer un viaje de vuelta a mí mismo", le dice de despedida. Juan le cuenta sus planes a María José, que evidentemente esta no comparte, por lo que decide atropellarlo a fin de mantener su vida, lo que, sin embargo, provocará el final de la suya: en la huida que emprende tiene un accidente de coche al esquivar a un ciclista. La película finaliza con los títulos de crédito (1:19:56-1:21:12).

Partes	Tiempo inicio - tiempo fin	Secuencias	Planos	Minutos
Planteamiento	0:00:00 – 0:18:16	1 a 10	1-102	18:16
Nudo o desarrollo	0:18:17 – 0:51:09	11-22	103-271	32:53
Desenlace	0:51:10 - 1:19:55	23-32	272-446	28:49

El detonante de la historia es el atropello que cometen ambos amantes al volver de una de sus citas secretas. Este hecho desestabiliza la relación entre ambos, especialmente en Juan, lo que le lleva a buscar un cambio en su vida. Bardem utiliza un detonante de acción, y los protagonistas deben enfrentarse a varios obstáculos, principalmente a Rafael, que les chantajea, siendo este el primer punto de giro de la historia. El segundo giro se produce cuando la policía va a buscar a Juan al tablao flamenco, y se introduce la intriga de no saber el motivo por el que lo buscan. El clímax, esto es, el momento de mayor intensidad, se produce cuando María José atropella a Juan en la misma carretera en la que ambos habían arrollado al ciclista.

Esta división del argumento en tres partes coincide, además, con un estilema muy característico de Bardem, como es la toma de conciencia de uno de los personajes, en este caso, Juan. En la introducción, Juan no ha comenzado con su cambio interior y toma de conciencia, pero el accidente lo impulsa hacia el arrepentimiento y a plantearse su existencia, ya que algo ha sucedido que va a cambiar su vida y su forma de ver y estar en el mundo. En el planteamiento es donde se observa con mayor profundidad los cambios que está sufriendo. Por un lado, la visita al barrio del ciclista le permite descubrir otra realidad, otra España muy diferente a la que él conoce, en la que él vive. En ese momento es consciente de que no todo el mundo es como él, que no tienen todas sus necesidades cubiertas, que pasan estrecheces, etc., pero, a pesar de esto, se ayudan unos a otros para vivir (sobrevivir), como se puede comprobar cuando una de las vecinas de la viuda del ciclista atropellado está cuidando a los hijos de esta, en esa España en la que hay ciudadanos de primera y de segunda que no merecen, ni siquiera, que la policía investigue quién o quiénes son los responsables del atropello y muerte de un obrero. También influyen de manera significativa en Juan sus conversaciones con Matilde, especialmente la solidaridad que se despierta entre los estudiantes ante la injusticia cometida con ella. Son precisamente en estos parlamentos en los que el personaje de Juan se muestra más crítico con él y con la sociedad a la que pertenece.

La estructura es simétrica, puesto que empieza y acaba con un accidente de coche y con la presencia de un ciclista. Sin embargo, el desarrollo de los acontecimientos no es el mismo, ya que en este caso el ciclista sí acude a auxiliar a María José. La película, por tanto, se cierra igual que se abre: un coche a toda velocidad, un ciclista que se cruza, pero en este caso es María José la que está muerta. La muerte de Juan a manos de María José adquiere trascendencia social: es una clase social defendiendo a toda costa sus privilegios. Sin embargo, en la dualidad de burgueses/obreros, son estos últimos quienes salen reforzados moralmente, ya que, tras unos instantes de duda, el ciclista va en busca de auxilio.

En este análisis se ha seguido la definición de secuencia y su diferencia con la escena establecido por López (2008: 82): "una escena es aquella parte de un guion que transcurre en un mismo lugar y en un mismo periodo de tiempo. Si cambia el lugar o el momento, se cambia de escena. Si varias escenas seguidas tienen unidad de acción, hablamos de una secuencia". Con "unidad de acción" el autor está aludiendo a la unidad orgánica aristotélica, es decir, a un esquema habitual de planteamiento, nudo y desenlace. Siguiendo a López, no se han agrupado, a pesar de que entre algunas de estas secuencias existe un vínculo de acción, la 1.3 y la 1.4, la 1.6 y la 1.7, la 2.5 y la 2.6 y la 3.4 y la 3.5, dado que hay cambios significativos entre ellas y es la lógica del montaje seguido la que crea una especie de continuidad temática. La película consta de 31 secuencias, 75 escenas y 446 planos diferentes, de duración y composición muy variable, ya que se observan planos generales, pero también planos más cerrados, incluso planos detalle. Hay, además, cinco planos secuencia: en el salón de la casa de María José, en la sala de exposiciones en la que se encuentran Rafael y María José, en el exterior de la casa donde se está celebrando la boda, en el pasillo del tablao flamenco y en la casa de Juan cuando Matilde va a ver a su madre para llevar la renuncia de este. De todas ellas, destaca la que se produce en el exterior de la boda, ya que implica a numerosos figurantes y varias localizaciones, además de varios cambios de planos. Las diferentes escenas son de duración variable y no presentan homogeneidad: van desde los treinta y dos segundos, la más breve, hasta los siete minutos y treinta segundos, la más extensa. Toda esta variedad no hace más que evidenciar un axioma que Bardem defendía y es que el cine debe intervenir en la realidad para reconducirla hacia un sentido crítico del mismo. Por tanto, el uso del lenguaje audiovisual, además de perseguir un aspecto estético, tiene el objetivo de evidenciar el mensaje del director. Hay que indicar, además, que ya en el guion escrito por Bardem se observan indicaciones técnicas en cuanto al número de los planos, que son más que los que luego se contabilizan en el montaje.

Partes	Secuencias	Escenas	Planos	Inicio-final	Duración
1. Planteamiento	1.1. Atropello y fuga	Exterior, Día, Carretera	1-3	0:00:00 0:03:25	3 m. y 25 s.
		Interior, Día, Coche	4-7		
		Exterior, Día, Carretera	8		
	1.2. Llegada a Madrid	Exterior, Noche, Calle	9-11	0:03:26 0:04:47	1 m. y 21 s.
	1.3. Un brazalete nuevo a cambio de mil pobres nuevos	Interior, Noche, Salón	12-19	0:04:48 0:05:57	1 m. y 7 s.
		Interior, Noche, Salón	25	0:07:51 0:08:20	29 s.
		Interior, Noche, Salón	28-32	0:09.25 0:09:54	29 s.
	1.4. Todo está en orden	Interior, Noche, Habitación Juan	20-21	0:05:58 0:07:50	1 m. y 52 s.
		Interior, Noche, Salón casa Juan	22-24		
		Interior, Noche, Salón casa Juan	26-27	0:08:23 0:09:23	1 m.
	1.5. Cine y NO-DO	Interior, Noche, Sala de cine	33-44	0:09:54 0:11:00	1 m. y 6 s.
		Interior, Noche, Pasillo sala cine	45		
	1.6. Ven tú	Interior, Noche, Dormitorio María José	46-48	0:11:04 0:11:40	36 s.
		Interior, Noche, Dormitorio María José	51	0:12:01 0:12:21	20 s.
	1.7. Zozobra	Interior, Noche, Dormitorio Juan	49-50	0:11:41 0:12:00	19 s.
		Interior, Noche, Dormitorio Juan	52	0:12:22 0:12:35	13 s.
	1.8. Váyase	Interior, Día, Aula	53-85	0:12:37 0:14:42	2 m. y 5 s.
	1.9. Sucesos: muerte de un ciclista	Exterior, Día, Hipódromo	86-89	0:14:43 0:16:20	1 m. y 37 s.
	1.10. Sabe algo	Interior, Día, Circo	90-102	0:16:23 0:18:16	1 m. y 53 s.

Partes	Secuencias	Escenas	Planos	Inicio-final	Duración
2. Desarrollo	2.1. Es una injusticia	Interior, Día, Sala	103-116	0:18:17 0:21:05	2 m. y 48 s.
	2.2. Sospechas-chantaje	Interior, Día, Sala	117 plano secuencia	0:21:06 0:23:35	2 m. y 30 s.
	2.3. Dos realidades: boda	Exterior, Día, Casa	118-123	0:23:35 0:25:07	1 m. y 32 s.
	2.4. Dos realidades: barriada	Exterior, Día, Calle	124-125	0:25:08 0:29:20	4 m. y 12 s.
		Exterior, Día, Patio corrala	126-130		
		Exterior, Día, Pasillo corrala	131		
		Exterior, Día, Escaleras corrala	132		
		Exterior, Día, Pasillo corrala 2	133-134		
		Interior, Día, Casa mujer	135-141		
		Exterior, Día, Pasillo corrala 2	142		
		Exterior, Día, Patio corrala	143		
		Exterior, Día, Patio corrala	144		
		Exterior, Día, Pasillo corrala 2	145		
	2.5. Chismes	Exterior, Día, Restaurante	146 plano secuencia	0:29:21 0:31:38	2 m. y 17 s.
		Interior, Día, Restaurante	148	0:31:51 0:31:53	2 s.
		Interior, Día, Restaurante	150	0:32:01 0:32:35	34 s.
		Interior, Día, Restaurante	152	0:32:41 0:32:44	3 s.
	2.6. Nadie sabe nada. Él sí	Interior, Día, Bar	147	0:31:39 0:31:50	11 s.
		Interior, Día, Bar	149	0:31:54 0:32:00	6 s.
		Interior, Día, Bar	151	0:32:36 0:32:40	4 s.

Partes	Secuencias	Escenas	Planos	Inicio-final	Duración
	2.7. Calle y ciclistas	Exterior, Tarde, Calle	153	0:32:45 0:33:17	32 s.
	2.8. ¿Amor, pasión, pasatiempo?	Exterior, Día, Hostal	154-161	0:33:18 0:33:56	38 s.
		Interior, Día, Habitación	162-176	0:33:56 0:37:52	3 m. y 56 s.
	2.9. Un apellido se puede estropear	Interior, Día, Habitación	177-178	0:37:53 0:40:26	2 m. y 33 s.
2. Desarrollo	2.10. Chantaje	Interior, Día, Casa	179-199	0:40:27 0:43:40	3 m. y 13 s.
	2.11. Tapar lo que sé	Interior, Día, Tablao flamenco	200-212	0:43:40 0:51:10	7 m. y 30 s.
		Interior, Día, Pasillo bar	213 plano secuencia		
		Interior, Día, Baño	214-215		
		Interior, Día, Tablao flamenco	216-249		
		Interior, Día, Pasillo bar	250-258		
		Exterior, Día, Terraza	259-271		
3. Desenlace	3.1. Fuera, fuera, fuera	Interior, Día, Despacho universidad	272	0:51:10 0:56:32	5 m. y 22 s.
		Exterior, Día, Campus universidad	273-275		
		Interior, Día, Despacho universidad	276-288		
		Exterior, Día, Campus	289		
		Interior, Día, Sala universidad	290		
		Exterior, Día, Campus	291		
		Interior, Día, Sala universidad	292		
	3.2. Estamos salvados	Interior, Día, Iglesia	293-309	0:56:33 1:00:38	4 m. y 5 s.
	3.3. Ahora ya todo se puede arreglar	Exterior, Día, Pistas atletismo	310-324	1:00:39 1:04:44	4 m. y 3 s.

Partes	Secuencias	Escenas	Planos	Inicio-final	Dura-ción
3. Desenlace	3.4. Lo podemos perder todo	Interior, Día, Salón casa María José	325-326	1:04:45 1:04:57	12 s.
		Interior, Día, Salón casa María José	328	1:05:11 1:05:21	11 s.
		Interior, Día, Salón casa María José	331	1:05:26 1:05:40	14 s.
		Interior, Día, Salón casa María José	333	1:05:47 1:05:55	8 s.
		Interior, Día, Salón casa María José	335-340	1:05:58 1:07:11	1 m. y 13 s.
		Interior, Día, Salón casa María José	346 plano secuencia	1:08:37 1:10:17	1 m. y 40 s.
	3.5. No he sabido ayudarte, no he podido	Interior, Día, Cuarto de Juan	327	1:04:58 1:05:10	12 s.
		Interior, Día, Cuarto de Juan	329-330	1:05:22 1:05:25	3 s.
		Interior, Día, Cuarto de Juan	332	1:05:41 1:05:46	5 s.
		Interior, Día, Cuarto de Juan	334	1:05:56 1:05:57	1 s.
		Interior, Día, Cuarto de Juan	341-345	1:07:12 1:08:35	1 m. y 23 s.
	3.6. Si me dejaras ahora solo, yo, ...	Interior, Tarde, Habitación hostal	346-350	1:12:11 1:19:18	7 m. y 7 s.
	3.7. Dimisión	Interior, Tarde, Salón	351 plano secuencia	1:12:12 1:13:35	1 m. y 23 s.
	3.8. Presiento un final horrible	Exterior, Tarde, Carretera	352-391	1:13:36 1:16:56	3 m. y 20 s.
	3.9. Es el fin	Interior, Tarde, Salón	392-397	1:16:57 1:17:47	51 s.
	3.10. Muerte y redención	Exterior, Noche, Carretera	398-446	1:17:48 1:20:02	2 m. y 14 s.

5. ANÁLISIS TEXTUAL

5.1. Planteamiento

5.1.1. Atropello y fuga

Sobre un plano general, captado con la cámara situada oblicua y con angulación baja, de un páramo frío y gélido, se ven los títulos de crédito de la película. Un cielo plomizo y los árboles sin hojas parecen presagiar que algo malo va a suceder. Un ciclista entra en plano por el lado inferior izquierdo del encuadre, la cámara está baja e inclinada, observante. Los títulos de crédito se sobreponen y justo cuando aparece el título de la película, *Muerte de un ciclista*, la música cambia y parece advertir al espectador de lo que va a suceder. El ciclista desaparece del encuadre y el sonido heterodiegético de un violento frenazo advierte de lo ocurrido, especialmente cuando aparece haciendo eses un coche que se detiene. Por corte y con ausencia de la música, se pasa a un plano medio de una pareja, María José (Lucía Bosé) y Juan (Alberto Closas), ella en primer término y él en segundo. Ambos miran en dirección al lugar en el que está el ciclista tirado en el suelo. Juan sale del coche y se aproxima que, curiosamente, es el punto de vista de la imagen, pues la cámara está situada en ese enclave, de nuevo baja, casi a ras de suelo, y ligeramente picada. María José se queda pegada al coche, al fondo de la imagen. En primer término se ve una bicicleta en el suelo con una rueda que da vueltas, que simboliza al ciclista, cuyo rostro y cuerpo no se ven. Juan entra en primer plano, su mano se extiende y parece tocar el cuerpo, pero el gesto no se percibe. La cámara, que permanece estática, recoge lo que sucede y lo muestra de manera subjetiva, como si fuese el ciclista, malherido, el que los observa. María José repite varias veces: Juan, Juan… Ella se gira, se dirige al coche y se mete dentro. Juan se levanta y la sigue, aunque duda y mira la zona donde está la bicicleta. La música comienza de nuevo a sonar, con un tono trágico. La rueda gira en primer plano mientras Juan va al coche, sin dejar de mirar hacia la zona de la bicicleta. Cuando entra en el coche, este arranca. La cámara se mueve en una panorámica horizontal de derecha a izquierda para que el coche quede en el centro de la imagen y se haga más presente la mirada del ciclista al que han abandonado a su suerte.

El hecho de que no se muestre en ningún momento al ciclista atropellado obedece a una estrategia muy inteligente de Bardem para
poder universalizar a su personaje, ya que de esta forma cualquiera

puede ser objeto de una injusticia como la cometida por María José. Tan solo se puede relacionar a la clase social mediante la asociación de la bicicleta como medio de transporte del proletariado. Esta idea se refuerza cuando Juan se cruza por la calle con numerosos obreros que vuelven de sus trabajos en bicicleta. Esta no identificación con un rostro permite que este personaje no sea un obrero o un ciclista en concreto, sino el obrero o el ciclista, una idea más generalizada.

La actitud de los dos personajes con respecto al ciclista atropellado ya marca el devenir de estos. Habría que detenerse, además, en el hecho de que sea ella y no él quien conduzca el vehículo, y más teniendo en cuenta el contexto en el que se enmarca la película: la España de los años 50. Este hecho, nada casual, busca hacer responsable del atropello a María José y, por extensión, a la clase a la que representa. Cuando se produce el atropello, la actitud de los dos es muy diferente: ella tarda en bajar del coche, no llega a acercarse al ciclista y no hace nada por socorrerle. Esta forma de actuar se mantiene constante en toda la película, ya que María José no llega a tener contacto en ningún momento con nadie que no pertenezca a su escalafón social. Juan, por el contrario, sí se acerca, aunque de forma tímida, al accidentado, lo que también denota cómo se va a comportar en la historia: dudará en un principio sobre qué hacer con el ciclista atropellado, pero, a medida que avanza la historia, se irá acercando, de manera comedida al principio, más decidida después, a aquellos que no forman parte de su entorno, como la familia del ciclista e, incluso, los estudiantes. También es ella la que le insta a no socorrer al ciclista y, aunque apenas le indica nada más que su nombre, su posición es la que gobierna a Juan.

Ya en el coche, sus movimientos y gestos hablan más de ellos que sus propias palabras, que son inexistentes. Ella lo mira fijamente y conduce nerviosa pero decidida a dejar atrás lo que ha sucedido. Él, sin embargo, no para de mirar hacia atrás, hacia el lugar en el que han abandonado a un hombre. La cámara, situada de espaldas a ellos, recoge los primeros planos de Juan mirando al muerto o, más bien, es el muerto, asumiendo el punto de vista de la cámara, quien los mira y los juzga ante el asesinato que han cometido.

5.1.2. Llegada a Madrid `0h. 03' 26"`

Tras el atropello, la pareja adúltera llega a un Madrid nocturno y solitario que se ve a través de un plano bajo. El coche entra en plano por el encuadre izquierdo y frena cuando pasa a primer plano. Ambos permanecen en silencio en el interior de este a pesar de que ya está detenido. El montaje pasa a un plano medio lateral en el que se puede ver a Juan, que baja la ventanilla mientras fuma, y a María José mirando al frente hasta que se arroja a los brazos de Juan y le confiesa que tiene miedo. Este la tranquiliza diciéndole que nadie los ha visto. Tras este momento de intimidad, casi el único de la película, Juan sale del coche y habla con María José a través del cristal. La cámara realiza una ligera panorámica hacia arriba, a la vez que abre el plano que permite ver cómo el coche se aleja mientras Juan, de nuevo, observa. Al sacar un cigarro de su bolsillo se gira y mira a la cámara, que hace un ligero reencuadre. Juan está situado en primer plano y la ciudad en el fondo gracias a la gran profundidad de campo con que está rodada.

Se observa un cambio de actitud en María José, que deja de ser fría e imperturbable al cometer el atropello, para mostrarse vulnerable e insegura. De hecho, no duda en confesar su miedo ante lo que les pueda suceder. Esta dualidad en su comportamiento se repetirá a lo largo de la historia, ya que mostrará una enorme frialdad en algunos momentos y en otros no dudará en fomentar su vulnerabilidad a fin de salvarse, lo que la convierte en un ejemplo de *femme fatale,* un personaje que engaña, oculta y miente, que enmascara lo que realmente es y hace.

5.1.3. Un brazalete nuevo a cambio de mil pobres nuevos

0h. 04' 48"

Esta escena está dividida en tres partes que transcurren en la casa de los Castro, principalmente en el salón, en el que se está celebrando una fiesta. Estas tres escenas se intercalan con las de la casa de Juan para remarcar, con el uso del montaje paralelo, las diferencias entre los dos personajes protagonistas.

Destaca el modo en el que se inicia, un beso en primer plano de María José y su marido, Miguel (Otello Toso), mientras en último término se observa a un conjunto de personas, todas engalanadas, que aplauden este gesto. Comenzar con un plano tan cerrado de un beso entre el matrimonio sirve para contrastar la actitud de María José con respecto a su amante y a su marido.

Tras el beso, María José acude a ver a sus amigos para enseñarles el brazalete que su marido le acaba de regalar. La cámara la sigue por el salón realizando panorámicas horizontales. Aunque hay un piano que suena de fondo, el diálogo que María José mantiene con su amiga se escucha perfectamente, ya que está en un primer plano sonoro. En ella esbozan los motivos por los cuales un marido le regala una joya a su mujer. Sobresale uno de ellos, el que dice la que parece ser su mejor amiga, cuyo nombre no se indica en la película: "un brazalete nuevo a cambio de mil pobres nuevos". Con esta afirmación Bardem remarca de nuevo las diferencias actitudinales entre los que más tienen, que están en la pirámide de la escala social, y los que menos, que se encuentran en la base de esta. Uno de los hombres alude a que el motivo es que la engaña con otra, lo que despierta las risas y aplausos de los presentes. Tras esta afirmación, María José vuelve a acudir a los brazos de su marido y lo besa de nuevo en señal de agradecimiento, permaneciendo en un segundo plano mientras que en el primero se ve a un pianista tocando el piano que dice: "que es por amor, amor, amor". Los presentes se impacientan, quieren cenar, pero María José les apunta que deben esperar un poco a Carmina (Alicia Romay) y Jorge (Emilio Alonso). La respuesta de uno no puede ser más reveladora: "Jorge es demasiado importante para que nos importe", aludiendo a su alta posición dentro del gobierno franquista.

La cámara se pica para que Rafael, el pianista, quede en primer plano, y se ve la mano de María José cogiendo una bebida. Se acerca a él con la copa y comienzan a hablar mientras el plano más abierto muestra la decoración de la estancia en la que sobresale un cuadro, *Mujeres de Tahití (En la playa)*, de Paul Gauguin. Mientras él toca de forma distraída, María José le pregunta, como lo buena anfitriona que es, por la canción. Se establece entonces un "juego", que el montaje refuerza con el uso del plano contraplano, de conversaciones veladas y medias verdades. Rafael le comenta que su canción se llama chantaje y que la ha visto: "Hora: 17.30h. Lugar: en la carretera de Francia. Vehículo: Fiat. Velocidad: 90 por hora". María José, al escuchar esto, se tensa, y le pregunta: "¿Dirección?". Rafael le dice: "Desconocida". Él le pregunta por el motivo del viaje mientras toca el piano y ella le explica que iba de turismo. En un plano picado se puede ver a Rafael que, sin dejar de tocar el piano y sin mirar a María José, le pregunta de forma inquisitiva: "¿Algo que declarar? ¿Joyas, drogas…, pecados?". Ella le responde que solo objetos personales y él, muy directo, le espeta: "¿Algún amante?", tras lo cual, se pasa a un primer plano de Juan en su habitación. Bardem y De Ochoa juegan a enlazar situaciones diferentes como si se diesen en el mismo espacio y tiempo para contrarrestar la historia.

En la fiesta, Carmina está sentada en primer plano hablando por teléfono, mientras en el fondo se puede ver a un grupo de hombres y mujeres charlando distendidamente mientras fuman y beben. Carmina se está disculpando por no ir a cenar a casa de su madre (Julia Delgado Caro). Al oírla hablar, María José, que está de espaldas, se gira y se sienta al lado de esta y le dice algo al oído que Carmina transmite a su madre: "muchas cosas de parte de María José". Se despide diciéndole a su madre que Juan se anime a ir a la fiesta, momento en el que María José se levanta. Tras esta conversación, la narración vuelve a la casa de Juan.

De nuevo, con el montaje se refuerza el mensaje político que Bardem pretende transmitir ya que, a continuación, con un plano medio de Carmina en el que habla de que su hermano es un desastre y que su marido le podría favorecer, se introduce la idea del nepotismo que se dada en el franquismo. Al levantarse Carmina para hablar con un asistente, la cámara hace una panorámica hacia arriba, a la vez que el plano se abre para mostrar a Carmina junto a un hombre y María José. Los tres hablan de que Juan está estropeando su porvenir al no dejarse ayudar por el marido de Carmina, Jorge, al que esta mira. Mediante un plano subjetivo se ve a Jorge hablando con Miguel como si le estuviera dando un discurso. Rafael está al piano rodeado de dos elegantes mujeres que se ríen de las gracietas de este que, a su vez, está criticando a Jorge: "parece que está haciendo un discurso", lo que despierta la risa de ambas mujeres. Por corte se pasa a un primer plano de Jorge hablando de forma grandilocuente. Rafael, de nuevo, le critica diciendo: "es de los pocos hombres capaces de hablar mil horas seguidas sin decir nada", aludiendo a la vacuidad de aquellos que forman parte del sistema franquista.

5.I.4. Todo está en orden 0h. 05′ 58″

En paralelo a la escena anterior, y como forma de contrastar las diferentes actitudes de los dos protagonistas, se ve a Juan en su casa con su madre.

Se muestra un primer plano de Juan en su cuarto, en penumbra, mientras fuma. Su rostro refleja preocupación y desasosiego. El siguiente plano, un medio lateral, permite observar a Juan recostado en su cama, de la que se incorpora para apagar el cigarrillo. Sentado en la cama, se toca el rostro con las manos como gesto de preocupación. Tocan en su puerta, lo que le saca del ensoñamiento, y la señora del servicio le indica que su madre le espera para cenar, tras lo cual se marcha sin cerrar la puerta. Juan, tras unos momentos de duda, se incorpora.

Entra en el comedor, donde se ve a su madre sentada en una gran mesa perfectamente colocada con vajilla, cubertería y diversas copas. Doña María ya está comiendo un plato de cuchara cuando su hijo entra en la estancia, en la que se puede ver a la señora de servicio colocada tras ella, además de varias sillas vacías. Al sentarse pregunta por Carmina y Jorge, quienes tienen puesto un servicio en la mesa. Su madre los justifica indicando que siempre llegan tarde y que por ese motivo nunca los espera. La sirvienta le ofrece a Juan un plato de sopa, pero este lo rechaza. Su madre, extrañada, le pregunta si todo va bien y si le sucede algo. Ante la parcidad de este, le pregunta por las clases y por la cátedra. Ella está segura de que la logrará, pero él le dice que no, que tendría que trabajar demasiado. Inician una conversación en la que se habla más de lo que parece, pues la madre le especifica que todo lo suyo está en orden, a lo que él contesta: "Carmina está bien casada, yo cumplo con mi papel de mal chico, los hermanos buenos están muertos y la fama en las vitrinas". ella le contesta enfadada mientras se señala una medalla que tiene puesta en el pecho de su vestido: "Y aquí, ¿te parece mal?". Se produce un silencio interrumpido por la señora de servicio que indica que la llama la señora Carmina. En este momento, se vuelve a la casa de los Castro.

Cuando la madre regresa, Juan está pensativo tocándose de nuevo la cara, pero al verla se levanta y la ayuda a sentarse. Esta le explica la conversación que acaba de mantener con su hija, que se excusa por no ir a cenar y le dice que en casa de los Castro lo esperan, a lo que Juan responde que no irá, que no le apetece. La madre habla de su yerno, al que tilda de "magnífica persona", y Juan responde: "forzosamente, está tan arriba". La madre, sorprendida, le recrimina su actitud y alude a lo bueno que ha sido Jorge con él, en alusión a su puesto de profesor. Juan, algo molesto, contesta: "Claro, si tengo mi sueldecito de profesor adjunto en la facultad es por él". La madre insiste en que puede ser catedrático, y la respuesta de Juan no puede ser más contundente: "Como poder…, puedo ser el rector magnífico gracias a Jorge". Nuevamente, volvemos a casa de los Castro.

En la conversación aparecen dos temas tratados por Bardem en su película: el nepotismo y la Guerra Civil. Sobre el primero, el más claro de ambos, se denuncia la influencia que tenían aquellos que estaban ostentando altos cargos en el sistema franquista y cómo no dudaban en servirse de ellos para su propio beneficio, como hace Jorge con su cuñado al conseguirle un trabajo en la Universidad, lo que a este le causa cierta insatisfacción como demuestran sus palabras. Además, se juega con la ironía de unir dos conceptos, el estatus y la bondad, al indicar que Jorge es bueno por tener un alto cargo, como si ambas cosas tuviesen una conexión lógica. Jorge, además, ha sido uno de los grandes beneficiados de la contienda bélica del 36, pues no solo no luchó en el frente, sino que ha conseguido situarse en lo más alto del escalafón social al llegar a formar parte de la estructura franquista donde tiene una buena posición.

Más sorprendente es la alusión velada a los vencedores de la Guerra Civil. La madre se muestra orgullosa de que "todo esté en orden"; sin embargo, Juan desconfía de ese supuesto orden. Él ocupa un peldaño inferior en la escala social con respecto a su grupo de amistades, como se evidencia en que viva con su madre al no poder independizarse con su pequeño sueldo. Además, ha conseguido su trabajo, no por su mérito, sino por ser el hermano de alguien que se ha casado bien. Cuestiona su lucha en el frente al servicio de un ideal que, a pesar de que han pasado varios años tras la finalización de la guerra, no llega, por lo que se siente traicionado, lo que manifiesta con sus palabras, pero también con su actitud decaída durante la cena.

5.1.5. Cine y NO-DO   0h. 09' 54"

Gracias al uso del racord de continuidad, se ve en el NO-DO de la sala de cine a la que Juan ha acudido a su cuñado, al que acabamos de ver dando un discurso en la fiesta de María José. De nuevo, se emplea el recurso de continuidad dramática entre escenas que se producen en espacios y tiempos diferentes. En las imágenes que Juan ve en la pantalla del cine, se puede observar a su cuñado dando un grandilocuente, a la vez que vacío, discurso y a María José recogiendo limosna para los necesitados. La mirada de Juan manifiesta la agitación que siente por el acto cometido y, a pesar de que ha acudido al cine a ver una película y que el NO-DO se ponía antes de comenzar esta, no aguanta lo que ve y se levanta. Antes de salir de la sala mira la pantalla para ver el rostro de María José sonriendo mientras recoge dinero entre las diferentes mesas de personas ilustres. El hecho de ver a su amante le contraría, como muestra al quitarse el cigarrillo de la boca al salir de la sala del cine. Ya en el pasillo, tira el cigarrillo al suelo, molesto con lo que acaba de ver, y se toca la cara como síntoma de la incertidumbre que siente. Con esta escena se empieza a mostrar la toma de conciencia que va asumiendo Juan.

Cabe destacar la representación social que Bardem realiza con las imágenes del NO-DO, en la que se revela quiénes son los que ostentan el poder, los hombres, que se dedican a la política, mientras las mujeres son las encargadas de sonreír y recaudar dinero. Además, es la masa que asiste al cine, el pueblo que vive en la posguerra, los que observan a los que tienen el poder, ya sea político, como el cuñado de Juan, o social, como María José.

5.1.6. Ven tú

0h. 11'04"

De nuevo se van a producir dos escenas montadas en forma paralela buscando contrastar las diferentes actitudes de Juan y de María José, que demuestran las contradicciones que viven ambos personajes.

La escena comienza con un primer plano de María José con el fondo desenfocado. Su marido le está hablando, pero ella no le oye y, al girar la cabeza, el plano cambia a uno más abierto, y su marido entra en cuadro mientras ella le dice: "¿qué?". Él le pregunta, mientras se ata el batín, si le gustaría ir con él de viaje. La cámara se mueve ligeramente para seguir el movimiento de Miguel, que se sienta en la cama. Ella no lo mira, observa al frente pensativa, hasta que él le pide que vaya con él de viaje y, ella, para su sorpresa, le suplica que la lleve. El plano cambia de perspectiva y se ve a María José en primer plano y a él de escorzo. Ahora sí, ella lo mira de forma coqueta y le pregunta qué hace por las noches cuando viaja. Él enciende un cigarro y riéndose le declara: "echarte de menos". En ese momento Miguel se levanta de la cama y pasa por delante de la cámara, algo poco usual en el cine, y, a la vez que la cámara reencuadra, hace un *zoom in* sobre María José. Él le pregunta si de verdad quiere ir y ella, alzando sus brazos hacia él, le dice: "No. Ven tú", de forma muy cariñosa.

Con el uso del montaje paralelo, quien aparece en el siguiente plano es Juan, con lo que Bardem nos muestra a quién desea María José y

refuerza el triángulo que se establece entre los tres personajes, que se intensifica con el plano de Juan fumando en el dormitorio, al que le sigue uno de María José que, con sus manos, aparta el humo mientras, sonriente, le propone a su marido que se escapen. Ella se mueve hacia delante y él entra en plano, con lo que ambos están en un plano medio lateral que denota proximidad y cercanía. Ella le insiste en que podrían "escaparse de todos, de las mismas caras, los mismos días, nunca pasa nada". Él lo pone en duda y se tumba en la cama, saliendo de plano. Ella, mirando a su marido, le insiste en que se vayan, a la vez que se abalanza sobre él.

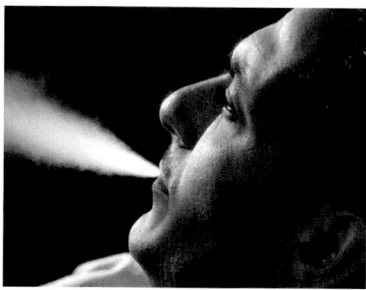

A continuación, por corte, se puede ver a Juan en primer plano. La conexión que se establece entre los planos de las dos escenas busca introducir lo prohibido, lo que una mujer adúltera no debería hacer, esto es, tener un amante. La sucesión de estas imágenes interpela al espectador, que debe estar atento, no tanto a lo que se muestra, sino más bien a lo que se oculta o a lo que se insinúa con la conexión sintáctica de los diferentes planos. El hecho de mostrar a los tres personajes, no solo gracias al montaje sino también con cierta continuidad en los diálogos, permite remarcar la relación a tres bandas en la que María José interactúa con los dos, pues es ella quien hace avanzar la trama, pero también la que los maneja a ambos. Se juega, por tanto, con la característica principal que define a una mujer fatal: la historia avanza por ella, pero no de forma pasiva sino activa, ya que es la que hace que los demás hagan lo que ella desea gracias, especialmente, a su espectacular belleza. El montaje consigue, además, que parezca que en realidad María José y Miguel son amantes, en lugar de marido y mujer, y es Juan quien, apenado y agobiado, aguarda a que "su mujer" abandone al otro, cuando, en realidad, el otro es él. La forma en la que

Bardem reparte la información entre los personajes y el espectador permite que haya más de una lectura, siempre y cuando quien observa quiera ver.

Por primera vez María José se muestra relajada y sonriente, algo que no se ha visto de ella hasta ahora cuando está con Juan, con el que se muestra fría y distante. Extiende sus brazos a Miguel, su marido, aferrándose a él porque sabe que es su tabla de salvación, su seguridad, su vida… Perderlo sería para ella perder la vida que conoce. Con él se muestra cercana y cariñosa, es a quien besa y a quien se abraza buscando consuelo, mientras que con Juan no se ve casi ningún gesto cariñoso, ni un solo beso, tan solo un abrazo tras el atropello cometido.

5.I.7. Zozobra 0h. 11'41"

Juan está en su dormitorio vestido con el pijama, ya que va a acostarse, movimiento acompañado por la cámara buscando la continuidad con el plano anterior en el que María José se abalanzaba hacia su marido. Un primer plano de Juan fumando muestra su preocupación, que se remarca con la fuerza con la que exhala el humo que, como ya se ha dicho, es despejado por María José en su habitación.

Con el uso de otro plano muy cerrado del rostro de Juan, esta vez en posición lateral, se incide en la zozobra en la que está entrando, lo que se remarca con el uso de una luz claro-oscura y una música trágica que potencia el estado de ánimo lúgubre en el que se está sumiendo. Juan gira su cabeza a cámara para apagar la luz, efecto que se usa en la escena siguiente, la que se produce en el aula de la universidad, cuyo primer plano sale de negro simulando la pizarra de la clase.

A los parámetros clásicos de la utilización de plano contraplano entre ambas escenas, se le suma el empleo de una luz academicista en la habitación de Juan con el objetivo de remarcar su estado interior, frente a una luz naturalista en la habitación de María José, que también expresa su estado de ánimo. Si a Juan el asesinato lo ha sumido en un gran desasosiego, a María José este no la ha afectado, ya que lo que le importa es que no sea descubierta su aventura extramatrimonial.

5.1.8. Váyase   0h. 12′37″

A pesar de que no es la escena más larga de la película, sí que es la que proporcionalmente más planos diferentes tiene, ya que en tan solo dos minutos y cinco segundos se dan 32 planos de distinta duración. Esta gran cantidad de planos indica que posee un carácter muy rítmico en el que el montaje y la planificación están muy presentes. Es, además, vital en la narrativa de la película, ya que lo que pasa hará que Juan cambie de actitud con respecto a quién es y su forma de vida.

Juan es el profesor adjunto de una asignatura relacionada con la geometría, posiblemente Álgebra. Junto con el catedrático, que no hace mucho caso a Juan ni a los alumnos, está examinando a uno de ellos, Matilde, que escribe en una gran pizarra el problema que está resolviendo. Ni Juan ni el catedrático prestan atención al examen: Juan se entretiene haciendo dibujos en un papel y el catedrático lee el periódico hasta que, como símbolo de su autoridad, abandona el examen dejando a Juan al cargo de este. Matilde, tras la salida del catedrático, mira varias veces a Juan mientras desarrolla el examen ante la atenta mirada de sus compañeros. Juan, preocupado, consulta en el periódico las noticias, buscando alguna relacionada con el accidente. Cuando ve la noticia de la muerte de un ciclista, que se resalta con la utilización de un plano detalle y un efecto de montaje, ya no es capaz de atender a la clase. Con la combinación de planos cada vez más cerrados y de menor duración, se muestra la tensión creciente de Juan. Rehúye las miradas de los alumnos y de Matilde y esconde sus ojos bajando la cabeza, pero no puede escapar de los ojos de Matilde, que se muestra en un primer plano cerrado, ni de los estudiantes, que hablan entre ellos mientras esta continúa con su examen. La tensión aumenta y Juan, que no puede resistir más, estalla y le grita: "¡Cállese!". Matilde, asombrada y confusa, mira a Juan, a la pizarra y, finalmente, a los alumnos. Llorosa y acongojada se dirige a su sitio ante el cuchicheo de sus compañeros, que no entienden qué ha podido suceder. Juan, que no se ha movido de su sitio, se tapa las orejas con las manos y baja la cabeza. El sonido del trote de los caballos, un encabalgamiento de sonido en el montaje que proviene de la escena siguiente, une el plano final de Juan en el aula y un plano general bajo en el que se ve a unos caballos galopando en un hipódromo.

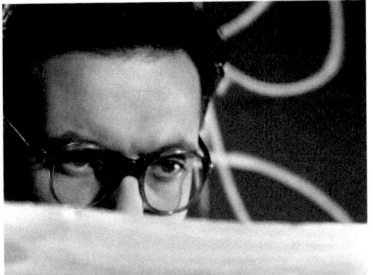

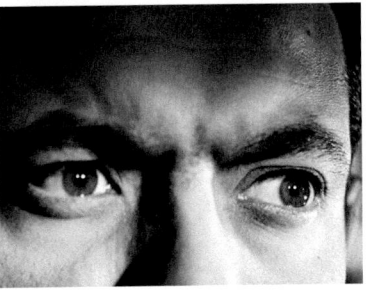

En esta escena, en la que se recrea el Aula Magna de la Facultad de Ciencias de la Universidad Complutense de Madrid, se puede observar algunos símbolos que representan el poder y la jerarquización de este. Juan, profesor adjunto, se queda como responsable del examen cuando el catedrático lo abandona sin mediar palabra, mostrando quién está por encima en la escala universitaria. Se ve claramente la posición superior que Juan tiene con respecto a los alumnos, pues no solo tiene la mesa más grande y ocupa un lugar privilegiado en el aula, separado de ellos y al lado de la pizarra, sino que se permite la licencia de estar leyendo el periódico de manera ostentosa mientras una alumna está haciendo un examen. No le presta atención directa al no atenderla, pero tampoco indirecta porque está tan enfrascado en su lectura que ni siquiera la escucha. Cabe destacar la disposición del aula, en la que las filas de los asientos de los alumnos están colocadas de manera inclinada y el punto de fuga es la pizarra y la mesa del profesor, sobre la que hay un crucifijo y la imagen de José Antonio Primo de Rivera, lo que evidencia que, por encima del profesor, del catedrático e incluso del Rector[4], está el régimen y la religión católica, las máximas autoridades en el franquismo.

5.1.9. Sucesos: muerte de un ciclista   `0h. 14'43"`

El sonido del galope, que se anticipaba en la escena anterior, introduce la imagen de un plano general rodado a ras de suelo con una gran profundidad de campo en el que unos caballos entran en el plano trotando. La cámara se mueve ligeramente para seguir la carrera. Un plano general situacional clásico muestra la disposición de quienes están contemplando el entrenamiento, entre los que se puede ver al cuñado de Juan, Jorge, quien observa la carrera con unos prismáticos para no perderse detalle, a su mujer, Carmina, a Juan, a María José y a Rafael. Bardem introduce un plano semi subjetivo de la mirada de Miguel, que rompe con el cambio de plano a Jorge cuando este entabla conversación con Miguel, quien observa todo desde la tribuna. Son dos, por tanto, las instancias que observan a la pareja: por un lado, Miguel, como marido de María José, pero, por otro lado, Jorge, como persona que representa al poder político. Juan entra en plano mientras Miguel y Jorge conversan, uno en la tribuna y el otro a pie de pista, y por un breve instante comparten plano con él. Sin embargo, no se detiene a hablar con Jorge, sino que sigue su camino para encontrarse con María

---

4   En la primera etapa del franquismo el rector debía ser un miembro de la Falange, representada simbólicamente por el retrato de Primo de Rivera.

José, por lo que el plano deja fuera de visión a Miguel y a Jorge. Juan y María José están de espaldas a la cámara, plano poco usual pero al que recurre Bardem en varios momentos de la película. Juan le dice que el ciclista ha muerto, pero que no deben hacer nada, solo esperar. La cámara se detiene y ambos se giran cuando oyen una voz que los llama. Es Rafael, que se aproxima a ellos leyendo el periódico. María José se acerca a él y Juan, con más recelo, también lo hace. Se da entonces una composición de plano muy interesante, ya que Rafael se sitúa por detrás de ellos, en el centro de ambos, aunque a diferente altura. Rafael les pregunta si han leído el periódico y comienza a enumerar alguna noticia, aunque insiste en preguntarles si les gusta la página de sucesos. Después de relatar algunos, les proclama: "muerte de un ciclista, aquí está". María José, que está situada de frente a la cámara, pero de espaldas a Rafael, cambia la cara, y Juan, situado en su lateral, la mira. Sin decir nada, María José da un paso al frente, movimiento que la cámara sigue, y se queda ella sola en un primer plano. Tan solo se escucha la risa de Rafael.

5.1.10. Sabe algo

0h. 16' 23"

De nuevo se produce un encabalgamiento del sonido, ya que las risas de Rafael son sustituidas por la de los niños que contemplan un espectáculo circense. Para contextualizar el lugar, se muestran diversos planos del circo, en el que se observa a un payaso tocando una trompeta y otro persiguiéndolo, y a los niños riéndose del espectáculo. Destaca la pareja de María José y Juan, que acuden a una función infantil sin hijos, mostrados con la utilización de un plano de perfil en el que ella, que está situada en segundo plano, está desenfocada, frente a él que está enfocado en primer plano, lo que permite observar la intranquilidad en su rostro. María José está muy preocupada porque cree que Rafael sabe algo, aunque no especifica qué. Juan trata de calmarla, aunque le resulta imposible. María José le indica que tiene miedo y que solo les queda esperar, aunque es necesario saber. Juan, extrañado por esta afirmación, le pregunta qué deben saber y María José le responde: "Sí, lo que saben ellos. Los demás, la policía, Rafa… Saber qué hemos hecho", a lo que Juan le espeta: "Matar a un hombre, ¿no?". Juan asume el papel de hombre que debe llevar la iniciativa, ya que, para calmarla, le indica que él se ocupará de ellos mientras que María José lo hará de Rafael. Juan le advierte que tenga cuidado y María José le pregunta si debe temer a Rafael, pero Juan le dice: "De todo. A lo mejor intentado tapar una cosa le descubres lo otro". Ella, por primera vez, se muestra cariñosa con él ya que le responde: "¿Qué es lo otro? Que te quiero". Ante esta afirmación, ambos se acercan y parece que van a besarse, pero María José de nuevo asume el papel de mujer fría en la relación, ya que le para con un "aquí no".

Resulta muy interesante el uso del lenguaje audiovisual que emplea Bardem, ya que abre con varios planos situacionales que permiten saber el lugar donde se desarrolla la escena, un circo, para después utilizar planos de perfil que denotan la cercanía de la pareja, además de la tensión creciente, que se refuerza con el manejo del campo-contracampo ligeramente picado y con la colocación de la cámara en la espalda de los personajes. Un plano medio frontal restaura la calma que, de nuevo, se ve interrumpida por la frase que pronuncia Juan: "Matar a un hombre, ¿no?". La fuerza de esta frase se ve aumentada por un plano de espaldas de la pareja, similar al que se da cuando ambos atropellan al ciclista y huyen del lugar. Este mismo plano se utiliza cuando parece que la pareja va a besarse, pero María José rechaza a Juan, que se queda observándola unos momentos mientras ella mira a los payasos de la pista. El plano finaliza con un encadenado que da paso a la escena siguiente, algo poco habitual en la película que suele recurrir al corte para las transiciones.

Con esta escena se cierra el inicio de la película, en la que María José y Juan hablan sobre su situación y deciden dejar de ser entes pasivos, que aguardan lo que les puede suceder por el crimen cometido, y pasar a ser activos, ya que acuerdan averiguar qué sabe Rafael y qué sabe la policía. Se evidencia, además, la evolución de ambos personajes, especialmente de Juan, quien ya comienza a cuestionarse su posición social y lo que esta conlleva. Sin embargo, el personaje de María José apenas evoluciona y no se plantea que ha atropellado mortalmente a un ciclista, aunque sí se muestra preocupada por lo que pueda saber Rafael y los demás, especialmente su marido. Ambos personajes sufren por lo que han hecho, aunque cada uno lo expresa de diferente forma: mientras María José lo hace patente cuando está con Juan, este lo hace cuando está a solas en su habitación, y se comporta de manera más sosegada cuando está con ella.

5.2. Nudo o desarrollo
5.2.1. Es una injusticia   0h. 18'17"

Juan está sentado en primer plano en la sala de juntas de la facultad, tan concentrado leyendo unos papeles que no repara en que, en último término, Matilde acaba de entrar por la puerta, a la que se ve perfectamente por la gran profundidad de campo con que está rodado. Cuando esta le indica que quiere hablar con él, Juan repara en su presencia y se levanta. Cuando ella le comenta que la ha suspendido, él le responde con cierta displicencia y desdén, como el día del examen. Está ocupado en sus asuntos y no quiere que nadie lo moleste. Juan alude a la responsabilidad del catedrático en la nota del examen, pero Matilde, dura y firme, le dice que no ha sido el catedrático sino él. Ambos personajes dialogan a gran distancia, iluminados por una luz puntual cenital que cae sobre sus cabezas, lo que confiere a la escena un aire expresionista. La separación que hay entre ambos se remarca con la distancia física que ambos mantienen mientras hablan. Juan y Matilde están en el mismo plano, en foco, gracias a la gran profundidad de campo con que está rodado. Cuando Matilde le acusa de ser el responsable de su suspenso, se produce una discusión entre ambos que Bardem filma con el clásico campo-contracampo, situando en primer plano a uno de los personajes, y en último término al otro, al que se ve perfectamente por el enfoque y porque la luz cae sobre él. Juan, ofendido por las acusaciones de Matilde, le sugiere que recurra al claustro o al decano, máximas autoridades universitarias. Matilde, muy agitada, en un plano más cerrado que muestra el disgusto de esta, le indica que no serviría para nada ya que "su cuñado es muy poderoso". Juan, enfadado, le pide que repita eso y ella no se amedranta, sino que insiste en su idea: "le digo que cualquier pleito entre la universidad y yo sería inútil. Yo estoy sola. A usted le protege la universidad y su cuñado".

Estas palabras producen en Juan una reacción diferente a la esperada. Contra todo pronóstico, no se enfada, sino que logra serenarse e inicia un acercamiento hacia Matilde. Le pregunta si es eso lo que los alumnos comentan de él, que su puesto en la universidad se debe a su cuñado, y ella le contesta que sí. Él alaba su valentía y le indica que es algo que le gusta. Ella no da crédito a lo que está sucediendo, y llega incluso a pedirle perdón, pero Juan no lo acepta aludiendo que ella ha sido sincera, que el que tiene que pedir perdón es él porque ha sido injusto. Matilde le pregunta por qué la expulsó del examen, ya que no había una razón para ello. Juan no puede explicarlo muy bien y se excusa diciéndole que estaba pensando en sus cosas y que puede tener un problema grave. En ese momento, Matilde le dice que es suficiente y, fuera de campo, se oye a Juan diciéndole: "procure disculparme", pero a Matilde no le sirve: "hay una disculpa fácil: su egoísmo". Cuando termina de hablar, se marcha por una puerta lateral. Juan observa cómo lo hace mientras se sienta lentamente. Este movimiento se capta desde dos planos diferentes: el inicio, con Juan en primer plano y, el final, con un plano general largo picado en el que se le ve agachando la cabeza en último término iluminado con la luz que entra por las persianas que están a su espalda.

Resulta llamativa la utilización de la iluminación que, de forma estructural, refuerza la narrativa. Si al comienzo es Juan el que mayor peso tiene en cuanto a luz, que le cae de arriba pero también de forma lateral por los rayos de luz que entran por la persiana, a medida que Matilde adquiere mayor seguridad y se acerca a Juan se la ve más iluminada. Ambos personajes sobresalen, además, debido a la escasez de mobiliario que hay en la sala, en la que las paredes están desnudas y tan solo se ve una gran mesa rodeada de grandes sillas. Sin duda, "el vacío de la sala es lo que llena sus dimensiones, la composición geométrica, dura y rígida que da énfasis a la rigidez y la inflexibilidad del sistema educativo-sistema político" (Blanco Mallada, 2003).

Matilde pone de manifiesto la naturalidad con la que el régimen franquista y su sistema recurrían al nepotismo, ya que, como denuncia la estudiante, él tiene ese trabajo por su cuñado, algo conocido no solo por sus compañeros sino también por sus alumnos. Cuando ella se lo reprocha, a él no le molesta el mensaje, que trabaje por su cuñado, sino el tono con el que ella lo explicita. Con la discusión entre ambos se muestran dos concepciones diferentes de la universidad: una de corte más liberal y la otra puramente franquista; una que busca un sistema más justo basado en los méritos intelectuales y no en los familiares y que no duda en manifestar aquello que le parece que no funciona como debería, y Juan, que quiere mantener el sistema formando parte de él. Habría que destacar que ella es una mujer que está estudiando en una institución de enseñanza superior una carrera ligada al género masculino. El hecho de que, en una sociedad como la franquista, en la que las mujeres estaban supeditadas a los hombres, una mujer se enfrente a un hombre resulta muy llamativo y sorprendente, lo que habla de la nueva sociedad que está por llegar, en la que estas podrán tener los mismos derechos que los hombres.

5.2.2. Sospechas-chantaje   0h. 21'06"

El encuentro que mantienen Rafael y María José en la sala de exposiciones está rodado en plano secuencia, un recurso habitual en el cine de Bardem, como demuestra que en esta película haya cinco. Lo primero que se observa es un plano de un cuadro que se llama "Verano", según le indica Rafael a María José. La cámara, a modo de plano grúa, les sigue en su recorrido por la sala de exposiciones, realizando para ello una panorámica horizontal de seguimiento, mientras ambos mantienen una conversación, a veces velada, sobre el motivo por el que se reúnen. Es Rafael, sin lugar a duda, el que domina la conversación: "Ahora explícame por qué", le pide tras hablar sobre el cuadro a modo de inicio de la conversación: "Por qué estás aquí, por qué hemos venido, por qué ese interés por una exposición de tercer orden, en fin, ¿qué quieres". María José quiere saber y él, de modo vacilante, le pregunta si desea saber de arte abstracto, nombrando al pintor Paul Klee.

Se establece entre ambos un juego en el que ella a todo lo que él dice responde con la palabra "frío". Cuando él especifica "lo que me gustas", ella responde "templado". Rafael, mirándola de forma muy pícara, continúa: "¿Lo que sospechas?" y ella responde: "Caliente". "¿Lo que yo quiero?" le pregunta Rafael y ella le responde: "Te abrasas". En ese momento él estalla en una sonora carcajada, mientras ella, muy angustiada y tensa, le gira la cara y le da la espalda para que él no pueda ver la inquietud que siente. Rafael, incisivo, le dice que es todo muy fácil, que lo difícil es empezar, encontrar el punto de partida. Es en ese momento cuando Rafael se describe ante María José: "Soy Rafael Sandoval, Rafa, bueno para nada, admitido en todas partes, en los círculos más estrictos, en vuestras reuniones benéficas, en las fiestas de terratenientes y grandes comerciantes. Yo, un crítico de arte, represento la cultura con mayúsculas, como vuestro caviar, bebo vuestro *whisky*, fumo vuestros cigarros... A cambio, y creo que pierdo, os aguanto". María José, mientras Rafael habla, no lo mira, sino que camina delante de él, dándole la espalda hasta que él finaliza su discurso, momento en que ella se gira y le espeta: "Y, ¿te aburres?". Él le responde que no, que se entretiene en mirarlos: "Veo vuestros pecados, los clasifico, los archivo y espero el instante oportuno para actuar. Todas las cosas feas que escondéis, yo las resucito y os las pongo delante. Es una forma de purificación", a lo que María José le responde, entrando en plano y mirándolo de frente, cara a cara, haciéndole ver que no la intimida: "O de chantaje". Él, juguetón, niega con la cabeza: "Una palabra fea. Ni siquiera es castellano". Ella, avanzando y dándole de nuevo la espalda, le pregunta de forma directa qué quiere. Él le responde que no mucho: "que no me creas imbécil […], que no pretendas mirar mis cartas. Si quieres ver mi jugada tendrás que pagar".

En ese momento, la cámara ha abierto más el plano, lo que permite ver más cuadros y a otros visitantes, y María José, de nuevo de espaldas, se ha situado en primer plano mientras Rafael permanece en último término. Ella juguetea ahora con él, consciente de que Rafael siente algo por ella, y le pide que le diga cuál es su tercer deseo. Él se acerca a ella y situándose en su espalda le responde: "Tú". Ella sonríe halagada al oír esto y le dice: "Tendré que decírselo a mi marido", mientras avanza y sale de plano. Rafael se queda solo y con malicia le indica: "es lo mismo que pienso hacer yo".

Visualmente, hay que destacar que los personajes están empastados, esto es, muy pegados al fondo y a la cámara, creando una sensación de agobio y de que no hay salida ante lo sucedido. Esta opresión es más significativa para María José, que no va a poder huir de lo que ha hecho ni de lo que le suceda en el futuro, ya que ella no es quien maneja en estos momentos su vida sino Rafael y lo que este puede saber. En ningún momento Rafael muestra sus cartas y le expone claramente lo que sabe y lo que quiere de ella. En esta visita a la exposición es cuando más claro se muestra pidiéndole dinero a cambio de su silencio, pero sin llegar a ser totalmente claro y directo. Se ve muy bien, además, la caracterización de ambos personajes. Mientras que Rafael representa el mundo cultural e intelectual que se ha vendido al régimen para dar una imagen de país interesado por la cultura, María José muestra rasgos característicos de la *femme fatale*: sin escrúpulos, capaz de hacer lo que sea necesario por mantener su estatus, llegando incluso a flirtear con Rafael si eso consigue salvarla. Se comporta, de manera indistinta, fría y calculadora o seductora con Rafael, de quien quiere averiguar qué sabe exactamente.

5.2.3. Dos realidades: boda

0h. 23'35"

El montaje de la película establece una relación de continuidad gráfica al abrir la siguiente escena con un primer plano del marido de María José, Miguel, que está mirando al frente. Por la izquierda entra

María José, que se sitúa a su lado mientras lo observa, y por detrás se ve a Rafael, que tras pasar detrás de ellos se sitúa al otro lado de Miguel, quedando este en el centro de los tres. Con esta composición se alude al papel que Miguel tiene para determinar la vida de María José en función de lo que le diga Rafael, que abandona el lugar tras observarlos. Por el atuendo se puede ver que están en una boda, información que se constata con el plano siguiente en el que se ve, en un plano medio picado, a una novia vestida de blanco con velo y al novio vestido con un uniforme con varias medallas que escuchan atentamente las palabras del sacerdote que los está casando. Este habla de la fidelidad del amor que lo engrandece y lo eleva para Dios, palabras que no son baladí para la historia que narra la película.

A la boda, tal y como se puede ver en un plano general, han acudido muchas personas, que observan el casamiento desde una balconada pues esta se produce en el exterior y no en el interior de una iglesia. Por la vestimenta que lucen los invitados (ellas llevan puestos abrigos de pieles y ellos van vestidos con chaqué) y el emplazamiento en el que se produce la boda, una casa con amplio jardín y una pequeña capilla, se deduce que los novios pertenecen a la clase alta. Comienza a llover y todos buscan refugio debajo del pórtico que une la casa con la capilla. María José y su marido hablan sobre el sermón. A ella le parece que ha dicho palabras maravillosas, pero a él que son las de siempre porque en la suya dijo lo mismo. María José dice que no las recuerda porque le tiraba el velo, haciendo alusión a que estaba más pendiente de la forma –el vestido, las flores, los invitados, etc.–, que del fondo –el hecho de contraer matrimonio con alguien a quien se ama delante de Dios.

La cámara los acompaña en este paseo por el balcón mientras hablan, hasta que se detienen, tanto la cámara como ellos, cuando entra en plano Rafael, que está fumando al lado de una columna. María José al verlo se paraliza y se va a hablar con otras personas. Miguel, sin embargo, va a su encuentro y ambos comienzan a caminar. Rafael le cuenta que ha oído que se van a ir y, aunque intenta sacarle más información, Miguel le contesta con evasivas e insinúa que va a ser María José quien decida la fecha, haciendo ver que en su matrimonio es ella la que lleva el mando de la relación. Miguel le pregunta por sus cosas y Rafael le dice: "bien, tengo ahora algo bueno entre manos", haciendo alusión de forma muy velada a la conversación que mantuvo con María José en la sala de exposiciones. Miguel le pregunta si se dedica a los negocios y Rafael le responde que no es exactamente un negocio, sino un juego. María José los observa desde lo alto de una escalera, visiblemente nerviosa. Al oír lo del juego, Miguel le pregunta si es prohibido, pero Rafael lo define como "peligroso", y ambos comienzan a reír. Estas risas preocupan a María José, como se puede observar en su rostro. Una amiga entabla una conversación con ella, aunque esta apenas le presta atención. Ambas comienzan a andar y, mientras María José no deja de observar a Rafael y Miguel, la amiga la invita a un "campeonato de canasta que va a ser muy divertido. Es a beneficio de no sé qué, de los niños pobres, los niños tontos, los niños algo, pero va a estar muy bien".

Con estas palabras se puede deducir que a las clases altas no les importa en realidad ayudar a los más necesitados, sino que es una excusa para poder relacionarse. Esta idea se refuerza con el montaje que se emplea en la película, pues a este diálogo le sigue la imagen de unos niños jugando en una calle llena de socavones en un barrio obrero, lo que remarca la idea de la hipocresía de la clase adinerada, que no resuelve las necesidades básicas, como el asfaltado de las calles, de las clases más bajas.

5.2.4. Dos realidades: barriada   `0h. 25' 08"`

Juan, tal y como le dijo a María José en el circo, acude al barrio del ciclista para saber qué saben de la muerte de este. Nada más llegar descubre una realidad que le es ajena, de ahí su mirada atónita ante los niños que juegan en una calle sin asfaltar, llena de escombros y zanjas. Observa las casas, con ropa de cama colgada en las cuerdas de la ropa, mientras recorre las calles con muros caídos. No le gusta lo que ve, como se puede apreciar por el gesto que realiza, el de encoger los hombros.

Un plano general abierto permite observar la construcción de las casas, que son de corrala, muy habituales en las zonas más pobres de Madrid, además de la calle, llena de charcos de agua y tierra. No hay sistema de alcantarillado ni alumbrado, lo que muestra claramente la pobreza del barrio en el que residía el ciclista atropellado. Juan entra en plano y observa a su alrededor mientras se sube el cuello de su chaqueta buscando calor y refugio de lo que observa, hasta ahora desconocido para él. Avanza por la calle contemplando las casas y a unas niñas que juegan en la calle.

Desde una de las corralas le gritan y le preguntan si busca a alguien. Él, al principio, no responde a los gritos, pero, al darse cuenta de que se dirigen a él, se gira y pregunta por la portera. Evidentemente, los residentes en la barriada se conocen entre ellos y alguien como Juan, bien vestido, desentona en ese ambiente. La señora, a gritos, le indica que la portera está en otro corredor y le pide que suba por las escaleras. Llama de nuevo a gritos a otra vecina, que está lavando la ropa en la calle en un barreño, para que le diga a la "señora Antonia que hay un señor que la busca". Esta deja sus quehaceres para vociferar y darle el recado a la señora Antonia, quien, vestida de luto y tapada con una toquilla, sale de su casa y habla con otra que está lavando la ropa en la calle. De nuevo toda la conversación se produce a gritos entre unas y otras, caracterizando así a las clases más bajas como ruidosas y maleducadas.

Juan ha subido al primer corredor y pregunta a la portera por la casa en la que vive Aurelia Gómez Tejedor. Esta le explica a gritos que vive en el de arriba. Juan sube las escaleras y esquiva a un grupo de niñas que juegan allí. Cuando llega al corredor de arriba, se puede ver la distribución de las casas a lo largo del pasillo y que muchas de ellas tienen en sus puertas objetos, como grandes sacos de tela o jaulas de diversos animales. Llama con los nudillos, con dudas, a una de las puertas, que tiene una imagen del Corazón de Jesús. Como no recibe respuesta, vuelve a golpear la puerta, esta vez con mayor intensidad, y la vecina de al lado sale, con un niño en brazos, para decirle que no hay nadie. Juan le pregunta por la mujer del ciclista y esta le informa que ha ido a Madrid (dando a entender que ellos viven a las afueras del centro de la ciudad) a arreglar lo del seguro. La vecina le pregunta qué quiere y quién es y Juan le miente diciendo que es periodista y que quiere hablar con ella por si saben algo más del accidente. Juan intenta sacarle información a la mujer, que se ha impresionado al saber que su vecina va a salir en "los papeles", y le dice que quería saber más sobre la vida del ciclista, el lugar en el que vivía, la familia que tenía, etc. Ella le contesta que se lo puede decir y le invita a pasar a su casa.

Cuando ella abre la puerta, Juan se queda atónito observando la vivienda y duda si acceder o no. Al entrar la vecina le indica que "todos los pisos son iguales" y Juan observa la estancia, en la que se ven muchos muebles, cuadros colgados de cualquier forma, cacharros de comer en la mesa, etc. La vecina no para de hablar de la mujer del ciclista, que tiene máquina de coser, y a la que define como buena persona. Le explica que su marido trabajaba con el ciclista en la metalurgia y que lo mismo le pudo haber pasado a él, lo que remarca que el accidente le podía haber sucedido a cualquier obrero, tal y como había planteado Bardem con la secuencia de inicio al no mostrar el rostro del atropellado. Juan le pregunta por los detalles en un intento de saber cuánto se sabe del mismo. Ella le explica que le aplastó un coche y, cuando Juan pregunta por el coche, esta responde: "hombre, al coche no le pasaría nada". Juan, en realidad, quería saber si sabe algo del coche y esta contesta: "no, como que iba a quedarse allí", haciendo alusión a que la muerte de un obrero no importa a las clases altas, que eran las que disponían de un vehículo. Juan, en su ansia de saber, le insiste por el coche y le pregunta si lo están buscando. Ella le expone que eso mismo le dijo ella a un policía que fue el otro día a hablar con Aurelia. Juan, al escuchar la palabra policía, palidece y se gira para no mirar a la cara a la vecina, que le está contando que el guardia le dijo que "de buscar el coche, ni hablar. No saben ni cómo es", algo que tranquiliza a Juan, que está muy nervioso. Sale al pasillo y le pide un poco de agua, pero esta no puede dársela porque no tienen agua en casa, aunque su hija Merche está en la cola de la fuente y le pide que la suba. Juan pregunta por la familia del ciclista, quiere saber cuántos son. La vecina le indica que el niño que tiene en brazos es de Aurelia y otro que está jugando en la calle, al que llama para que Juan pueda verlo. Juan se asoma a la barandilla y, en un primer plano, se puede observar la angustia en su rostro, reforzada por la intensidad de la música en esos momentos.

Hay varios detalles que merecen un análisis detallado. Por un lado, Bardem muestra a los habitantes de estas barriadas como una comunidad unida en la que unos cuidan de los otros, remarcando la solidaridad entre los más pobres, a los que no les queda más remedio que apoyarse entre ellos, frente a la falsa solidaridad de los que más tienen, que hacen obras de caridad para divertirse. Así mismo se incide en el servilismo de las clases más bajas frente a los que consideran que están por encima de ellos, como cuando la vecina no duda en contestar a sus preguntas, enseñarle su casa e incluso llamar a su hija para que traiga a Juan un vaso de agua. A pesar de que hablan a voces, en un retrato estereotipado de las clases bajas, asumen con silencio y pasividad que la policía no investigue el atropello del ciclista. Bardem insiste en la idea de no personificar al atropellado al no mostrar su rostro, ni siquiera se dice su nombre, pero tampoco aparece la mujer del ciclista con la intención de que no sea alguien concreto el muerto sino cualquiera de la clase baja.

Otro elemento es el uso del lenguaje audiovisual. Se parte de un plano general, que permite contextualizar el espacio en el que se va a desarrollar la acción, para después introducir el clásico plano contraplano, además de planos conjuntos de Juan y la vecina. Sin embargo, hay un instante en el que la vecina invita a Juan a mirar, cuando quiere que vea al hijo del ciclista atropellado. En ese momento, Bardem utiliza un plano de conjunto largo picado que simula la mirada de la vecina que observa a los niños jugando en la calle. A este plano le sigue, por corte, un plano medio conjunto de Juan y la vecina en contrapicado que permite observar cómo Juan busca con su mirada al niño. De nuevo, se recurre al plano conjunto de ambos para dar paso a un primer plano picado de Juan que observa al niño. En ese momento, en el que la vecina le invita a mirar, se empieza a producir en Juan un cambio en cuanto a su posición en el mundo, ya que hasta ahora no había observado otras realidades muy diferentes a la suya.

Cabe destacar que esta escena es la única en toda la película en la que el proletariado y las clases más bajas aparecen representadas, algo poco habitual en el cine de la época, en el que este colectivo solía estar invisibilizado fílmicamente. De hecho, la película retrata principalmente a las clases altas de esos años, sobre las que realiza una feroz crítica, frente al proletariado que apenas aparece o lo hace de forma velada la mayor parte del metraje, como en el inicio de la película cuando el obrero es atropellado y solo se muestra la rueda de la bicicleta.

5.2.5. Chismes

0h. 29′ 21″

La escena anterior finaliza con un primer plano contrapicado de Juan mirando, supuestamente, a los niños mostrados en el plano que correspondería si la película mantuviese continuidad gráfica. Sin embargo, Bardem rompe esta clásica correspondencia entre efecto y causa para iniciar esta escena con un plano general picado que, en cierta manera, se corresponde con la mirada de Juan, quien observa, desde lo alto de la corrala, a María José y a Miguel y, por extensión, a su antigua realidad. A mayores, si en la anterior escena se pasaba de la clase alta a la clase baja, en esta se parte de un plano rodado en el barrio de clase baja para pasar, por corte, a uno que se produce en la localización de la clase alta. De esta manera la película refuerza las contradicciones entre las dos realidades e introduce el cambio que se está produciendo en Juan, ya que contemplar el lugar en el que residía el ciclista atropellado y su familia no lo deja indiferente, sino que lo impregna de una nueva noción de realidad hasta ahora desconocida para él.

Lo que supuestamente está observando Juan, relación establecida por el montaje, es a los presentes en la boda, que se pueden ver bien por el plano abierto que utiliza Bardem: Miguel y Rafael que conversan con el cura, situado en el centro de ambos, mientras que María José y su amiga bajan las escaleras para ir a su encuentro, movimiento que la cámara recoge con una panorámica vertical realizada de arriba abajo. María José se detiene en la escalera esperando a su marido, que se ha despedido del religioso y de Rafael, a cuyo grupo se une la amiga de María José. Miguel sube las escaleras caminando detrás de un militar y su mujer para recoger a María José. Nada más encontrarse hablan de Rafael, a quien María José define como un mal bicho al que no puede soportar; sin embargo, para Miguel es un infeliz, un poeta. Hablan sobre los chismes que cuenta, a los que Miguel no concede demasiada importancia porque "todos hacemos lo mismo. Todos comentamos las cosas que vemos, las que imaginamos, las que se sospechan…; tú hablas de todos y todos hablan de ti". María José le confiesa que le gustaría estar lejos de todo, y él, con tono burlón, le responde: "la pequeña María José se aburre. Tienes ganas de volar, ¿eh?". En ese momento, él tiene un gesto cariñoso con ella que es interrumpido con la llegada de Rafael y de la amiga de María José, que se lleva a Miguel para contarle un "chisme imponente". María José, con desagrado, se queda con Rafael, que tilda el momento de esta manera: "ahora viene la escena entre el malvado conde y la virtuosa dama". Reanudan su paseo por la boda y Rafael le pregunta por Juan de forma velada. María José se hace la tonta para sonsacar información y saber cuánto sabe. Rafael saca el tema del viaje que piensan hacer María José y Miguel y le explica que no le gustaría que se fuera de repente porque quería darle una sorpresa. Ella, con inquina, le exclama: "¿te vas a morir"? La conversación se interrumpe con la llegada de un camarero que le indica a María José que tiene una llamada. La cámara la acompaña en su recorrido, mientras se oye a Rafael diciéndole que le de muchos recuerdos "a quien sea".

María José entra al interior del restaurante para hablar por teléfono con Juan, que la llama desde un bar. El modo en el que está rodada esta conversación entre María José y Juan obedece a la lógica clásica del plano contraplano, con la salvedad de que se produce en dos localizaciones diferentes: el interior del restaurante en el que se celebra la boda y el de un bar del barrio ciclista. La composición del plano de María José es muy interesante, ya que la cámara se sitúa a su espalda y de ella solo vemos una parte de su cuerpo, su brazo, elegantemente cubierto con un guante de color claro. Habla con Juan mientras observa cómo charlan Rafael y Miguel fuera del restaurante. Juan intenta tranquilizarla diciéndole que nadie sabe nada, pero María José le insiste en que él sí, en alusión a Rafael, aunque desconoce qué sabe. No se ve su rostro, pero sus palabras denotan preocupación –"le veo hablar con Miguel y tiemblo"–, aunque su actitud es de seguridad. En un momento de la conversación, su cara se gira y se puede comprobar cómo su rostro no muestra un ápice de inseguridad mientras le propone a Juan que deben verse pero que espere su llamada. Es ella, por tanto, quien marca los tiempos en la relación. Se despide de Juan con unas palabras cargadas de significación: "Gracias Juan, solo te tengo a ti. Te quiero". Cuelga lentamente el teléfono y se gira. Tan solo se puede ver su mano con un cigarrillo y a Miguel y Rafael despidiéndose mientras ella los observa.

5.2.6. Nadie sabe nada. Él sí   0h. 31'39"

Tras visitar la barriada, Juan acude a un bar para hablar con María José y tranquilizarla con lo que ha averiguado, ya que nadie sabe nada. Juan, en primer término, de pie, sujeta el auricular y habla con María José. El plano se cierra cuando aumenta la tensión mostrando el rostro de Juan en primer plano. Su actitud ante la situación, de calma sostenida, se refuerza con la utilización de la luz en claro-oscuro. Cuando se despide de ella, cuelga el teléfono y, gracias a la apertura del cuadro, se puede observar cómo es el bar y la gente que hay.

El montaje que se realiza entre estas dos escenas refuerza, de nuevo, la diferencia que hay entre las actitudes de la pareja con respecto al asesinato. Si a María José le preocupa lo que sabe Rafael sobre su relación extramatrimonial, a Juan le preocupa qué sabe la policía sobre el atropello. Para reforzar esto, se utilizan diferentes composiciones de los encuadres. En el caso de Juan se usan primeros planos de su rostro, frente a los planos más abiertos de María José a quien, además, no se le ve el rostro en gran parte de la escena. De este modo se puede observar la inseguridad de Juan frente a la manipulación que realiza María José. Su voz denota debilidad; sin embargo, su posición corporal y su rostro, en el momento en el que se ve, muestran su seguridad ante la situación. Desde su posición se puede observar a Miguel y a Rafael sin que ellos puedan verla, simbolizando el control en la situación.

5.2.7. Calle y ciclistas 0h. 32′45″

Tras finalizar su conversación con María José, Juan sale a la calle. Gracias a la utilización de un gran plano general picado, se puede ver a Juan andando por la calle, mientras muchos ciclistas pasan a su lado tocando el timbre para que se aparte. Este plano, aparentemente carente de significado narrativo, tiene como objetivo mostrar las diferencias entre las clases: los obreros van en bicicleta, los burgueses en coche. Además, se retrata a los obreros con cierta uniformidad: todos visten igual y acuden a su puesto de trabajo en bicicleta.

El plano finaliza con un fundido a negro que indica la falta de continuidad entre esta escena y la siguiente. Cabe destacar la utilización de una música trágica que acompaña a Juan en su paseo por esta calle de Madrid que, junto con el uso de una luz claro-oscura, refuerzan el clima de zozobra que está experimentando el personaje. La utilización de una cámara grúa colocada en un lateral, buscando la tridimensionalidad, y la amplia profundidad de campo permiten observar la calle de Madrid, esta sí asfaltada, además de las casas bajas en cuyas ventanas hay ropa tendida.

5.2.8. ¿Amor, pasión, pasatiempo? 0h. 33' 18"

La escena comienza con un fundido en negro que, cuando acaba, muestra en un plano medio frontal a dos guardias civiles que están tomando un café. El que está en primer término inicia la conversación sobre el atropello del ciclista, que continúa su compañero quien, al comenzar a hablar, avanza situándose en primer plano de la imagen. Ambos están conversando con una mujer que trabaja en el hostal que se muestra al fondo. Para uno de los policías, lo peor no es que lo atropellaran, sino que "le dejasen tirado como a un perro". La mujer, mientras recoge las tazas, les pregunta quién puede haberlo atropellado y ellos le indican que puede haber sido un camión o, de forma socarrona, "uno de esos líos que esconde Encarna", en alusión al uso que muchos amantes hacen de su alojamiento como lugar en el que verse sin ser vistos. La conversación finaliza cuando los guardias civiles se van a perseguir a un coche que circula a alta velocidad y el marido de Encarna la reclama porque "esos están llamando". Los guardias civiles se marchan en sus motos velozmente, algo que se observa a través de la ventana en la que Juan está mirando el paisaje, por lo que, de nuevo, se mantiene la continuidad narrativa a través de la utilización de los elementos gráficos.

Cuando suena la puerta, se ve a María José sentada en el suelo sin los zapatos, que están tirados en el suelo, cada uno en un lado de la habitación. Con este recurso, Bardem hace alusión a lo que acaba de suceder en esa habitación de un hostal, que no es más que el encuentro furtivo entre dos amantes. De nuevo se recurre a la insinuación y no a la mostración directa. Juan acude a abrir la puerta ante la mirada de María José y recoge rápidamente lo que Encarna les trae impidiendo que pueda ver más de lo que debe. Deja la bandeja con una botella y dos vasos al fondo de la estancia en la que María José está sentada en el suelo en primer plano. Juega con su collar de perlas y con un cigarrillo, rechaza la copa, pero le pide a Juan que le dé una cerilla. Juan, servicial, se acerca a ella y le enciende el cigarrillo. María José le pregunta qué le pasa y hablan sobre su relación, qué es y qué significa para ambos. Juan le confiesa que ella ha sido "novia, amante, pero nunca mi mujer", y María José responsabiliza a la guerra de que no pudieran casarse. Es muy relevante la respuesta que le da Juan al indicar que "la guerra es algo muy cómodo, se le puede echar la culpa de todo, de los muertos, de las ruinas, de los tipos como yo que se quedan vacíos por dentro y no vuelven ya a creer en nada. Ni siquiera en la novia buena que no espera y se casa con un hombre rico". En sus palabras se adivina el reproche velado que le realiza a María José, que se da cuenta de ello por su respuesta: "Aquello fue una equivocación y una necesidad, sobre todo una necesidad". Juan continúa con sus reproches: "la señora de Castro bosteza en los cócteles, se aburre en los campeonatos de canasta, se duerme en los conciertos [...], el viejo amor de los 18 años puede ser ahora una aventura romántica, algo agradable y excitante, mientras no haya complicaciones. Ahora las hay y todo se viene abajo".

Mientras escucha estas palabras, María José permanece rígida, su rostro no refleja ningún cambio hasta que escucha "todo se viene abajo", momento en el que se gira y, gracias al plano más cerrado, se puede ver en su cara la preocupación por perder todo lo que tiene. Juan la acaricia mientras le confiesa que hoy no ha podido besarla y ella le mascula que "hay algo más importante que tú y yo: el miedo. De todo, de la gente, de un teléfono que suena, de Rafa, no puedo más. ¿Qué puede pasar?" Juan le indica que si los descubren perderán todo: "tu mundo, tu casa, tu marido, tu posición en sociedad, tu estupenda vida, tu bienestar". Al escuchar estas palabras, María José le dice que también lo perderá a él y se recuesta preocupada en la cama. Juan se levanta y pasea por la habitación tocándose la cara en señal de preocupación, aunque sus palabras no concuerdan con esta actitud, ya que desea que "se sepa todo, que matamos a un hombre, que engañamos a otro, que solo pensamos en nosotros mismos". Mientras expone estas palabras, se ve a María José en un plano muy cerrado mirando al frente, sin mirar a Juan, quien indica que hay que esperar, que no pueden hacer nada. Juan anima a María José diciéndole que "todo irá bien [...] nadie perderá nada. Todo seguirá igual que antes, volveremos aquí y nos besaremos". La escena finaliza con un primer plano de María José mirando hacia arriba y, de nuevo, se mantiene la continuidad gráfica al comenzar la siguiente con un primer plano contrapicado de Miguel, como si fuese a él a quien ella mirase y no a Juan, a pesar de estar en dos espacios totalmente diferentes. De esta forma, se vuelve a confrontar la posición de los tres personajes implicados en la trama amorosa, aunque uno de ellos desconozca, aparentemente, la situación.

El diálogo se desarrolla con el uso del plano contraplano, aunque con una composición nada clásica, pues María José está sentada en el suelo, dándole la espalda a Juan, quien, sentado en la cama, mira al frente pero no a ella. La luz de la habitación es de tipo estructural, más que natural, ya que busca enfatizar las expresiones. Se centra, especialmente, en los rostros de los personajes y crea sombras en la pared y el techo reforzando la importancia de la luz en determinadas acciones narrativas. Es interesante el uso de estos elementos de lenguaje audiovisual con los que se evidencia el cambio que Juan está experimentando con respecto al atropello, ya que se cuestiona no solo su relación con María José sino también la vida que lleva esta, además de aludir de forma directa a la guerra, en la que él tuvo una parte activa. Se hace patente la crisis moral de Juan, mientras que la máxima preocupación de María José es mantener su vida tal y como era hasta ese momento, cómoda y fácil, a la que accede porque estar casada era sinónimo de éxito. Además, un buen enlace era una vía para prosperar y adquirir un cierto estatus al que María José no piensa renunciar.

5.2.9. Un apellido se puede estropear   0h. 37'53"

La escena, como ya se ha indicado, arranca con un primer plano ligeramente contrapicado de Miguel que está serio y comienza a sonreír cuando se oye en *off* a su mujer decir que ya está lista. En el plano siguiente, casi similar de composición, pero más abierto, se puede ver a María José, elegantemente vestida, que le está terminando de colocar bien la pajarita a Miguel. Cuando acaba, él acude a mirarse en el espejo del tocador en el que ella se ha sentado para terminar de arreglarse.

Se les ve relajados e incluso bromean sobre cuánto tiempo tardará María José en vestirse para la cena con los americanos. Miguel le dice que gracias a la influencia de Jorge conseguirá la contrata y que será "un negocio redondo". Manifiesta su aprecio por Jorge, pero no por su mujer a la que califica de "una lata [...] sale a la madre". Para María José, sin embargo, son una familia de héroes. Miguel, muy serio, le pregunta por Juan, a quién María José define como "un infeliz", y por la relación que tuvieron en el pasado, si fueron novios y si era algo serio. De nuevo se hace alusión a la guerra cuando Miguel le pregunta si salieron a festejar la victoria. A continuación, sentado en la cama de espaldas a ella, que, en primer término, está terminando de arreglarse, le pregunta si Juan sigue enamorado de ella. Él no puede ver su rostro de sorpresa ante esta pregunta, a la que responde con evasivas. Miguel le revela que "yo también estoy enamorado de ti, y orgulloso. Hay mucha gente que te envidia". En ese momento la conversación se vuelve tensa, ya que Miguel habla sobre la importancia de los apellidos y de estar bien casada con un hombre importante. María José le pregunta: "¿Qué envidian más: los apellidos o el dinero?", a lo que Miguel le contesta que "un apellido se puede estropear más o menos haciendo algo feo [...] un asesinato [...] haciendo algo feo un apellido se estropea, pero queda, no se pierde nunca. En cambio, el dinero es más frágil, se evapora". María José, muy seria y preocupada, le dice que no le comprende y él le cuenta un chisme que le contaron el otro día: "la historia de un matrimonio de buena posición que se vino abajo [...] la mujer engañó al marido [...] eran gente muy bien. Ella, sobre todo, él tenía mucho dinero". María José le pregunta qué hizo el marido, si mató a la mujer y Miguel responde: "mucho mejor. La dejó sin un céntimo. De pronto ella se encontró sin su vida, sin la vida de todos los días, nadie la quiso dar una mano". María José evita mirarlo, solo mira al frente, al espejo, con una cara que refleja su preocupación por lo que acaba de oír. Miguel se acerca a ella, la abraza por la espalda y le da un beso. María José, en ese momento, le pregunta quién le ha contado la historia y Miguel responde: "Rafa".

En el diálogo que ambos mantienen se habla del poder que tenían las personas pertenecientes al régimen para influir en los negocios, así como del trato de favor que recibían quienes eran cercanos a ellos, además de la pleitesía que les rendían a los americanos, de la importancia de los apellidos y de estar bien situado. Se siembra, además, la intriga de no saber qué sabe Miguel y qué le ha contado Rafa, algo que será vital en el devenir de la historia. También se muestra la idoneidad de María José para ser la mujer de Miguel, ya que tan solo se le pide ser bonita. La mujer es, en este contexto, un mero adorno que acompaña a su marido para ayudarle a ganar mejores contratos y, por extensión, más dinero y poder.

5.2.10. Chantaje

Un plano medio de unas manos tocando el piano abren la escena. De nuevo, se juega a la continuidad narrativa, ya que es Rafael quien toca y la escena anterior había finalizado con Miguel diciendo "Rafa". Cuando el plano se agranda se puede ver para quién toca: la pareja de americanos que le aplauden con entusiasmo. El hombre le pide que toque una canción y Rafa contesta: "claro, ustedes mandan y nunca mejor dicho". Mientras suena la canción, la cámara se mueve hacia la derecha y, gracias a la gran profundidad de campo con que está rodada, se ve a Juan en último término pasear y mirar a Rafael. Se acerca a Carmina y María José, que charlan animadamente, mientras la música alegre del piano suena. Carmina le revela a María José que le preocupa Juan, aunque es el más listo de la familia, a lo que Juan, en tono jocoso, responde: "y el que menos éxito tiene. No valgo una perra gorda [...] Carmina está molesta porque no soy una persona importante. Quiere a toda costa que haga algo único". Carmina se va a saludar a otros invitados, momento en el que ambos amantes se ponen al día. El tono trágico de María José explicándole a Juan la conversación con Miguel está reforzado por el cambio en la música, que pasa de ser alegre a más lúgubre. Ambos se pasean por la habitación mientras conversan, lo que permite ver la casa, grande y lujosa, así como a los que están en la fiesta, numerosos y muy engalanados. Juan, al escuchar la conversación que ha mantenido María José con su marido, le pide que se calme, que hable de cualquier cosa y que sonría, y se sitúa al lado de Rafael para averiguar qué sabe de ellos. Rafael, al ver a Juan, le saluda de manera amigable y se establece un juego de medias verdades y mentiras entre los personajes cuya tensión aumenta con la llegada de Miguel.

El modo en que está planificada la escena, con diferentes tipos de planos, cada vez más cerrados, con el sonido constante de una tecla que toca Rafael, con los cambios de planos cada vez con menor duración, etc., acelera la tensión de saber qué sabe cada uno de los personajes. La conversación, además, no es clara, ya que Rafael busca intrigar y hacer ver a María José y a Juan que sabe algo sobre ellos, pero juega a no mostrar sus cartas. Se habla de chantaje e incluso le explica a Miguel que tiene un negocio con ellos. Miguel le pregunta qué papel tiene él y Rafael le responde que el más importante: pagar. Hay un momento de silencio tras estas palabras, pero Miguel reacciona riéndose, como Rafael. Miguel le pregunta cuál es su papel: "el mío es el mejor: cobro", le contesta Rafael, mirando fijamente a ambos amantes. Miguel insiste en saber de qué negocio se trata, pero Rafael, muy hábil, le dice que falta un pequeño detalle y termina la conversación diciéndole "la solución: el próximo número", mientras toca todas las teclas del piano. De nuevo se hace patente el juego que realiza Bardem con el guion, ya que en ningún momento queda claro qué sabe cada uno de los personajes, pues, en lugar de resolverlo, lo fomenta gracias al juego ambiguo que establece en la historia, reforzado con el uso del lenguaje audiovisual, especialmente con el juego de miradas entre los personajes.

5.2.II. Tapar lo que sé

0h. 43' 40"

Esta secuencia no solo es la más larga de la película –dura siete minutos y treinta segundos–, sino también una de las más ricas e interesantes debido a su puesta en escena y cuidado montaje. Formada por seis localizaciones diferentes, con una de las escenas rodada en plano secuencia y con más de cincuenta planos, es la que da paso al desenlace de la película.

Se abre con unas palmas en primer plano, que dan continuidad a la escena precedente y que indican que los personajes se encuentran en una fiesta *typical Spanish* para agasajar a los ricos norteamericanos. Bardem utiliza la técnica de la metonimia, esto es, mostrar planos detalle de diferentes partes del lugar, como las palmas, la guitarra, el taconeo, etc., que indican dónde se desarrolla la acción, para que el espectador recomponga en su cabeza las piezas mostradas con el montaje fragmentado. Solo se escucha, casi como si fuese una película muda, la música y diferentes efectos diegéticos, como palmadas, taconeo, etc., además de la voz del cantaor. Rafael, visiblemente ebrio, se levanta de la mesa y se dirige, bajo la atenta mirada de Juan, a hablar con María José, pero la música y el cante impiden que se oiga lo que dicen. Tras un cruce de miradas entre los tres personajes, Rafael sale y Juan, que obedece lo que la mirada de María José le indica, le sigue. Juan acude al baño donde Rafael se está refrescando e inicia con él una conversación que sube de tono de manera considerable. Rafael le dice que le tiene miedo porque "yo sé cosas, cosas feas de vosotros. Las queréis tapar, que nadie las vea [...] estoy harto de ser siempre vuestro invitado [...]. Soy el más fuerte. Vosotros sois una basura asquerosa, una partida de cerdos egoístas y yo sé vuestras cosas sucias, las cosas que escondéis. Me tendréis que pagar para que no hable, para que sigáis siendo la virtuosa dama, el brillante profesor, el gran industrial". Juan, muy enfadado, lo coge del brazo y le amenaza para después darle un bofetón, algo que molesta mucho a Rafael, quien entra de nuevo en la sala con un rastro de sangre en su rostro.

Se produce en estos momentos uno de los fragmentos en los que se puede vislumbrar la influencia que el montaje soviético tuvo en el cine de Bardem. Con la utilización de diferentes planos, con composiciones tan variadas como plano conjunto, primeros planos, planos detalles, etc. y con la ausencia de diálogo, que está enmascarado por la música, en concreto por la voz de Gracita Montes que interpreta el fandango *Amor, ¿por qué no viniste amor?*, se produce uno de los momentos más álgidos de la película. Rafael se dirige a María José y le dice algo al oído para después ir a hablar con Miguel, todo ello bajo la mirada de Juan, que asiste atónito a las diferentes conversaciones. La tensión va en aumento, reforzada por el cruce de miradas entre los tres personajes, con un punto de vista que va cambiando según dónde esté posicionada la cámara, que se intercala con los diferentes planos del espectáculo de flamenco. Si se analiza quién mira en cada uno de los planos que la componen, es Miguel quien observa a María y a Juan, ya que se utiliza un plano subjetivo que varía de tamaño de apertura a medida que aumenta la tensión. Sin embargo, los planos insertos de la actuación, accesorios para lo que está sucediendo, pero necesarios para aumentar la tensión, corresponden a Juan o a María José quienes buscan desviar la atención de lo que se está desarrollando.

Un camarero se acerca a Juan y este abandona la estancia ante la mirada de María José. Cuando están en el pasillo, el camarero le indica que lo busca la policía, y Juan se asoma a la ventana para comprobar la información. Tarda en reaccionar, se siente el miedo en su rostro. María José sale a buscarlo y le pregunta qué sucede. Mientras este está diciendo que lo busca la policía, sale Rafael, que burlonamente pregunta si hay malas noticias. Esto encoleriza a Juan, que coge una silla, a la vez que Rafael agarra una botella que rompe en la mesa. Están a punto de pelear cuando Miguel irrumpe y pone paz. Le echa la culpa a Rafael porque está borracho, a lo que este responde servil al considerarlo por encima en el escalafón social. Miguel invita a Rafael a ir con él a la terraza para que le dé el aire y le pide a María José que lo acompañe. Esta obedece y Juan vuelve a asomarse a la ventana antes de bajar para enfrentarse a la policía. En la terraza, Miguel le comenta a Rafael que le ha dicho muchas tonterías porque estaba borracho y le pide que piense lo que le va a decir ahora. Rafael, atónito, le pregunta repetidas veces si no le cree y Miguel, muy firme y taxativo, le indica que no le conviene que le crea porque "esta es mi mujer. Es imposible que la hayas visto en ningún sitio". Miguel no da pábulo a la historia de Rafael, y María José se percata de que no sabe nada del atropello, solo de la aventura. María José rompe a llorar por la presión y se echa a los brazos de Miguel, que le dice a Rafa: "es difícil que te crea. Ella no me engaña. Está conmigo. Estará siempre conmigo. Es mi mujer". Rafael, molesto, tira una botella al aire muy enfadado. Miguel prefiere no creerle, ya que eso supondría cambiar su vida perfecta con la virtuosa dama. Por tanto, se decanta por vivir con los ojos cerrados.

Se vuelve a evidenciar la intención de Bardem de no revelar de manera directa la infidelidad cometida por los amantes ya que, de nuevo, no se verbaliza esta. Sí que es llamativo que algo tan privado como la revelación de una infidelidad se produzca en un lugar tan público y con el grupo de amigos presentes, que, curiosamente, permanecen ajenos a la situación.

Con esta escena finaliza el desarrollo de la película, en el que se ha mostrado la diferente evolución que ha sufrido la pareja de amantes. Si María José no se muestra arrepentida por el atropello cometido, sino temerosa de que se descubra su relación extramatrimonial, a Juan este hecho le atormenta y su visión del mundo cambia totalmente. Al final de esta parte, María José se queda más tranquila al saber que Miguel no cree a Rafael, pero Juan está inquieto porque la policía ha acudido en su búsqueda y no sabe el motivo.

5.3. Desenlace
5.3.1. Fuera, fuera, fuera

`0h. 51' 10"`

La escena se inicia con un plano en el que una piedra golpea el cristal de la sala del decano. Con este recurso, Bardem de nuevo vuelve a ligar dos situaciones que no se producen en el mismo lugar de la diégesis pero que, gracias a la continuidad que le otorga el tipo de montaje empleado, lo simula. La botella que Rafael tira parece que rompe el cristal de la ventana de la Facultad, cuando es evidente que no puede ser así. Esta es, además, la tercera vez que en la película se rompe un cristal. En la anterior escena, Rafael rompe una botella cuando estalla contra la hipocresía de la sociedad franquista, y cuando Miguel no le cree lanza una botella de cristal que, presumiblemente, se romperá al caer. En esta escena, la piedra golpea la ventana rompiéndola. En la película se emplea un simbolismo que relaciona los cristales con la sociedad franquista, que debe romperse para acabar con ella.

Quienes han tirado la piedra han sido un grupo de estudiantes, la gran mayoría hombres, que están protestando en el campus universitario en solidaridad con Matilde. Desde una ventana el comisario los observa y, enfadado, le advierte a Juan que él es el responsable de lo sucedido porque ha habido que buscarlo en muchos sitios. "Mi misión es cuidar el orden" es la última frase que apunta antes de irse, con lo que alude a la responsabilidad que tenía la policía franquista de mantener la paz y que no hubiera protestas contra el régimen o contra una parte del sistema que lo sostenía. El decano calma los ánimos y le indica al comisario que iniciarán una investigación. Antes de salir se dirige a Juan: "creo que no sería mala idea que hablase con su señor cuñado", aludiendo, de nuevo, a la posición social que este tiene y recordándole a Juan que, si está trabajando en la universidad, es gracias a él. Tras esto, todos abandonan la sala excepto Juan, que se asoma a la ventana para ver a los manifestantes. Está disgustado por lo sucedido, como indica el gesto que hace de levantar el cuello de su chaqueta en busca de abrigo y cobijo.

Tras unos instantes a solas, llega Matilde, y Juan sonríe al verla. Matilde lamenta lo sucedido, pero Juan le apunta que es maravilloso "esta falta de egoísmo en todos ustedes, esa unión, esa solidaridad". Matilde le comenta que "es usted demasiado…" y, ante su duda, Juan acaba la frase con un "ingenuo". Por primera vez en la película, Juan se ríe y se muestra relajado. Mientras miran por la ventana rota a los jóvenes protestando, Juan conversa con Matilde, pero su conversación no va sobre ellos, sino sobre la sociedad española. "Muchos de esos gritan por simpatía. En realidad, podrían gritar viva o fuera o abajo, les da igual. Lo importante es gritar, pero los demás están realmente unidos a usted. Su problema, esa injusticia mía, es ahora el problema de todos ellos", le dice a Matilde de manera alegre. Parece que está hablando del examen injustamente suspendido, pero en una segunda lectura se puede apreciar que en realidad está hablando de lo que debe hacer esa generación de estudiantes, que son quienes deben gritar contra el franquismo de manera solidaria para poder acabar con él.

En otro fragmento de la conversación, Juan hace alusión a él y al cambio que está experimentando a partir del atropello cometido: "Hasta que no he oído los gritos de sus compañeros solo pensaba en mi problema […] Me han hecho sentirme joven, bueno y sin egoísmo. Como cuando yo rompía cristales y corría delante de los guardias. Me han hecho sentirme como ellos, yo también grito fuera, fuera, fuera". Matilde le responde que es bueno y que no querría que perdiera nada, pero este le especifica que desde hace un rato no hace más que ganar cosas. Juan tranquiliza a Matilde y se despide de ella pidiéndole que se una a sus compañeros. Ella abandona la sala y, desde la ventana, con el cristal simbólicamente roto, Juan observa cómo se une a sus compañeros en la protesta.

Estas palabras, que surgen tras observar Juan la protesta solidaria de todos los estudiantes, visibilizan la adquisición de toma de conciencia de Juan, fruto de la asunción de los valores de esta juventud que le han hecho recordar por lo que él luchó. "Un día me gustaría hablar con usted, o mejor oírla hablar de todo, de lo que piensa sobre todas las cosas", le expone Juan a Matilde, ya que desea conocer el mundo en el que vive y al que ha permanecido ajeno, lo que le ha impedido ver que la clave para que las cosas cambien está en las nuevas generaciones y en su espíritu solidario. Esta conversación cierra la anterior que mantuvo con Matilde, en la que ya se apuntaban temas como el egoísmo o las injusticias.

5.3.2. Estamos salvados ▪ 0h. 56' 33"

Juan y María José se encuentran en una Iglesia en la que se está oficiando un funeral. El lugar de encuentro sorprende a Juan: "Pero ¿por qué nos vemos aquí?". María José acude a la cita vestida como mandan los cánones religiosos, con vestido oscuro y una toquilla en la cabeza. Hablan en una de las naves exteriores del templo, al lado de la puerta que, gracias a los dos cristales que tiene, permite ver la ceremonia del entierro que se está celebrando. María José le comenta a Juan que están salvados porque Rafael no sabía nada. Ella se muestra aliviada, pues puede continuar con su vida. Sin embargo, Juan se asombra de que a ella la muerte del ciclista no le importe nada, que tan solo le importe que no se sepa su relación extramatrimonial, llegando a aseverar que es muy feliz y que ya no tiene miedo. "Ha sido todo tan horrible", afirma mientras echa una limosna, gesto que evidencia la absoluta frialdad y falta de conciencia de ella, que considera que dando algo de dinero a la iglesia su crimen se olvida. A continuación le indica a Juan que deberían preocuparse por "ese pobre hombre ahora que estamos tranquilos" y le propone mandar "algo de dinero a la viuda, bueno, un donativo". Le da unos billetes y le pide que se encargue él mientras se va. De manera fría le anuncia que deben dejar pasar unos días y que no pueden verse, que ella le llamará. A Juan esta actitud de su amante le asombra, y es en este momento cuando se visualiza la ruptura de la pareja. María José se ve libre de la amenaza de Rafael y del asesinato cometido, se ha cansado de jugar y no piensa, por supuesto, perder su vida acomodada. Se va y Juan observa el dinero que ella le ha entregado. Con este gesto, María José ha demostrado su egoísmo, en el que ha primado su bienestar personal frente a Juan, cuyo arrepentimiento es mucho más grande y desea hacerlo público; por eso rechaza el ofrecimiento que el cura le hace de confesión al abandonar la iglesia con un lacónico: "no, es tarde". No puede expiar su pecado en la intimidad, sino que debe hacerlo público ante la policía y la sociedad, a pesar de que ello le suponga una pena de cárcel y perder a María José.

5.3.3. Ahora ya todo se va a arreglar   1h. 00' 39"

Juan acude a una pista de atletismo donde charla con un amigo entrenador de atletismo sobre los tiempos que ha hecho un corredor. De forma sutil la conversación cambia a la guerra: "no seas tan pesimista, no lo hacíamos tan mal teniendo en cuenta que casi siempre hemos corrido con un fusil a cuestas", le dice Juan, a lo que su amigo responde: "Alguien dijo que era el complemento ideal". Juan, mirando a su alrededor, le espeta: "pero no dijo para qué, ¿verdad?". De nuevo se produce un cambio de conversación cuando su antiguo compañero de las trincheras le pregunta cómo va el tema con la estudiante y de quién es la culpa. Juan reconoce sin paliativos su error: "Ahora ya todo se va a arreglar". La conversación acaba cuando llega Matilde, quien le grita a lo lejos. Juan, de forma alegre y despreocupada, acude a su encuentro. Ambos charlan mientras andan separados por una valla, cada uno a un lado de esta. Juan le pide un favor: que entregue una carta en la Facultad. Matilde le pregunta por el contenido, y esta contesta: "es mi dimisión. Creo que es lo que debo hacer. No me costó mucho que me dieran el cargo. Ya sabe, tengo una familia influyente". Cuando Matilde le pregunta si lo ha pensado bien, Juan verbaliza su cambio personal: "desde ese día todo lo pienso muy bien", remarcando la adquisición de conciencia del personaje. Juan le explica que se va, que va a hacer un viaje de vuelta a sí mismo: "Pertenezco a un tiempo en el que ha habido demasiados símbolos". Hablan sobre el tiempo que durará el viaje y él le dice que el suficiente y que quizá la encuentre convertida en madre de una familia numerosa, comentario con el que se alude a que las mujeres en aquel tiempo, a pesar de que pudiesen cursar una carrera, no debían olvidar su obligación de ser madres. A modo de despedida, Juan le pide otro favor: que se conserve siempre como es ahora. Matilde le pregunta a dónde se va –"el lugar no importa mucho"– y por qué se va –"por algo malo que hice una vez"–. Matilde ya no le pregunta más y Juan abandona las pistas de atletismo.

Es significativa esta escena por dos motivos. Por un lado, Juan alude a la Guerra Civil y cuestiona su papel en la contienda y, por otro, confiesa su propio remordimiento y asume su culpabilidad. Se hace, por tanto, evidente el cambio profundo que Juan ha experimentado tras el accidente. Con su dimisión, además, abandona el sistema franquista, ya que ha dejado de confiar en él porque no ha respondido a las expectativas generadas cuando luchaba en el frente. Se muestra la decepción de aquellos que creían haber luchado por un ideal cuando, en realidad, lo hacían para que unos pocos salieran beneficiados. Es relevante también que la conversación se produzca en las pistas de atletismo, uno de los "ejes centrales de la resistencia del bando franquista en la llamada 'cabeza de galgo'" (Deltell y García, 2020: 263), y que la que se establece entre Matilde y Juan se produzca con una valla que separa a ambos personajes.

Evidentemente esta puesta en escena no es casual, ya que Bardem buscaba evidenciar la diferencia que había entre ambos al estar situados en bandos aparentemente contrarios. Juan representa a la generación que hizo la guerra y Matilde pertenece a la que no estuvo presente en la contienda; uno simboliza el pasado y la otra el futuro, esa nueva generación que debe construir una sociedad nueva. Tras entregarle la carta y, por tanto, asumir el fracaso que ha sido su vida, Juan camina cabizbajo, en señal de frustración, dejando a Matilde sola y con la misión de no cambiar y de intentar que las cosas sean diferentes. Este sentimiento de derrota se refuerza con el posicionamiento de la cámara, situada a pie de pista buscando una gran profundidad de campo. Sin embargo, la luz con la que se baña es significativa, ya que es la primera vez que se muestra el brillo del sol gracias al cielo despejado, evidenciando que un nuevo tiempo mejor va a llegar.

5.3.4. Lo podemos perder todo   `1h. 04' 45"`

María José está en su casa con los muebles tapados con sábanas, lo que indica que piensa marcharse de viaje. Enfadada, contesta al teléfono y le dice a Juan que es una imprudencia que la haya llamado. Se establece así una conversación que está rodada a modo de plano contraplano, en la que Juan quiere que se vean, pero ella trata, por todos los medios, de que no sea así. Le explica que se va ese mismo día de viaje al extranjero con Miguel, que le ha exigido que lo acompañe, y que no pueden verse porque "lo podemos perder todo, todo". Juan le insiste y le pide que vayan juntos "a la policía. Vamos a entregarnos". María José se da cuenta en ese momento de que Juan va en serio y que debe hacer algo si quiere mantener su vida tal y como la conoce hasta ahora. Accede, por tanto, a ver a Juan y le emplaza "donde siempre, dentro de una hora iré". Cuando cuelga el teléfono, su mirada está perdida y su rostro refleja la tensión, sensación que se refuerza con la utilización de una música trágica en la que sobresale el uso repetido de una nota al piano. Se levanta muy despacio y se dirige a la escalera, mirando el teléfono de refilón. Cuando llega a la escalera, se detiene y mira hacia arriba, pero no sube, solo mira. Su agobio es palpable cuando comienza a dar vueltas por la estancia hasta que el miedo la paraliza y solo reacciona cuando siente que Miguel está bajando la escalera y se ha parado a observarla. Con el uso del plano contraplano, jugando además con la angulación de la cámara, se establece un juego de miradas entre Miguel y María José en la que no se dicen nada, pero el desasosiego, reforzado por la música, es palpable.

Posteriormente, ambos mantienen una conversación en el sofá de su casa. Ella está sentada detrás de Miguel, que no la mira. María José lo abraza mientras él habla, enfadado, y le indica que lo importante es lo que sea capaz de hacer. María José intenta calmarle diciéndole que él está por encima de todo, algo que a Miguel le molesta mucho. Levantándose le responde que no es cierto, que es el egoísmo de María José el que está por encima de todo. Miguel le coge la cara por la barbilla obligando a María José a que lo mire mientras exclama: "tu egoísmo, tu avidez por las cosas, tu ansía de vivir, tu infinito deseo de todo". Ella se levanta y le abraza por la espalda, muy fuerte: "yo te quiero, Miguel, yo te quiero", le repite constantemente. Él, de nuevo muy enfadado, le dice: "no, tú no me quieres. Quieres lo que yo represento. Todo esto. Todo lo que te puedo dar. Todo lo que te puedo quitar. Lo sé, lo sé, es asqueroso, pero tu egoísmo es mi única fuerza". María José, desesperada, lo coge por las solapas de la americana y exclama que siempre estará con él. Miguel, muy tranquilo, le espeta: "eres capaz de hacer cualquier cosa por no perderme". María José responde: "cualquier cosa". "¿De destrozarlo todo con tal de conservar tu vida?", le pregunta Miguel. Ella responde, sin dudar, que sí. Miguel la suelta y le indica que "está bien, nos iremos lejos y no volveremos en mucho tiempo. Tú debes elegir. Te esperaré". Tras estas palabras, abandona la sala, y María José se gira de nuevo, se toca la cara y se abraza a ella misma, gestos que revelan la tensión y la zozobra de no saber cómo resolver la situación.

En este plano secuencia, la planificación resulta fundamental, ya que se juega con diferentes composiciones de planos, más cerrados cuando aumenta la tensión y más abiertos cuando se busca reflejar sus movimientos para reforzar la intensidad dramática que tiene. La música enfatiza esto en momentos clave, como en el plano final de ella.

5.3.5. No he sabido ayudarte, no he podido   1h. 04' 58"

Una vez finalizada la conversación con María José, en la que Juan le ha pedido que se vean y, finalmente, esta ha accedido tras decirle que quiere ir a la policía, Juan habla con su madre. Esta le dice que nunca le ha entendido porque es demasiado complicado para una mujer como ella a la que todo se lo han dado clasificado y medido. Le pide perdón por no haber sabido ayudarle y Juan le agradece estas palabras acariciándole la cara. Juan le confiesa que ha sido un desengaño para ella porque buscaba siempre "una salida, como esos moscardones que siempre tropiezan con el cristal". De nuevo se hace alusión a los cristales como símbolo de falta de libertad y a la necesidad de salir de ellos, de atravesarlos. De hecho, la conversación continúa con el simbolismo de los cristales, ya que le explica que el otro día alguien en la Facultad rompió un cristal y fue un día grande y "he encontrado la salida, la solución de todo. No me van a dar ningún premio, pero seré una especie de héroe". Le da un beso a su madre en la mejilla a modo de despedida. Su madre le pregunta si va a salir, Juan le indica que pasarán a saludar y esta le pregunta quién es la otra persona, a lo que Juan responde: "la de siempre". Con estas palabras verbaliza su relación clandestina con María José, algo que, sin duda, a su madre no se le había escapado.

Se aprecia claramente el cambio experimentado por Juan. No solo mantiene una conversación profunda con su madre, sino también se muestra, casi por primera vez, relajado y sonriente. Ha decidido dejar su vida actual, contar la verdad y entregarse a la policía en un acto, sin duda, de expiación de su pecado.

5.3.6. Si me dejaras ahora solo, yo, sin quererlo, te arrastraría conmigo

1h. 12'11"

Un plano detalle del fuego de una chimenea abre esta escena en la que se puede ver a Juan y a María José abrazados hablando.

Juan le cuenta que por primera vez tiene algo en lo que creer, en ellos, en su dignidad, y que van a decir que no a muchas cosas sucias, como su relación. María José se separa de sus brazos y se tumba en el suelo sin decir nada, mientras él indica que dirán adiós a su relación, que no se volverán a ver y que van a empezar limpiamente de nuevo. María José le pregunta, sin mirarle: "¿Y si fuese todo mentira?". Cambia de postura y le expresa: "Si no te quisiera, si tampoco quisiera acompañarte, si yo no fuese a la policía ahora contigo". Juan le insiste en que él iría y que no la salvaría. María José contesta que ella puede salvarse, pero Juan no cede. A ella le preocupa perderlo todo y no poder conservar su mundo. Juan, muy sereno, le aclara: "Si me dejaras ahora solo, yo, sin quererlo, te arrastraría conmigo". Ella se gira y lo mira para decirle que está muy sola. Juan avanza para abrazarla mientras le pronostica: "este es el fin de algo que no debió empezar nunca". La escena finaliza con un primer plano de María José abrazando a Juan con la mirada muy seria. Juan le anuncia que es el momento de decirse adiós para siempre, que nunca más van a volver a verse. Juan le pregunta si tiembla, mientras María José abre cada vez más los ojos, especialmente tras escuchar a Juan decir: "yo presiento un final horrible, horrible". María José baja la mirada mientras suena una música trágica.

5.3.7. Dimisión

La madre de Juan está mirando la carta que Juan entregó a Matilde. La música trágica, más las palabras de la madre, que está sorprendida por conocer que Juan ha dimitido, advierten de la tragedia que se avecina. Matilde le explica que Juan habló de un viaje y que sus palabras consiguieron alarmarla: "por algo malo que hice una vez". La madre no da crédito a lo que Matilde dice, ya que considera que Juan es incapaz de hacer algo malo y, aunque le quiere mucho, piensa que no lo conoce bien. Al final de la conversación se intuye el mal presagio de la madre cuando le confiesa a Matilde que "muy a menudo miro este álbum de fotos, las veo con extrañeza, veo crecer a mis hijos: la primera comunión, el instituto, el servicio militar, la política, la guerra, la muerte", momento en el que la escena, rodada en plano secuencia, finaliza, coincidiendo con el crescendo de la música, el tema inicial, que ha estado presente y que preludia la tragedia.

5.3.9. Presiento un final horrible   1h. 13' 36"

De nuevo se establece en la película el juego del contraste ya que, cuando la madre de Juan dice en la anterior escena "la muerte", el siguiente plano es un contrapicado de un cielo lleno de nubes donde por el marco derecho entra en plano María José. Juan está hablando con ella de la Guerra Civil, ya que él estuvo allí destinado y combatió en las trincheras que había en ese paraje. Le explica lo que hacía, que pensaba en ella y le confiesa que "tenía fe en muchas cosas. Te quería. Hacía grandes proyectos para el futuro. Es curioso. Este lugar es el más importante del mundo para nosotros. ¿Te das cuenta? Siempre ha habido algo nuestro aquí". Mientras él habla y le explica que fue en ese mismo lugar donde atropellaron al ciclista, María José no se ha acercado a él, se ha mantenido distante físicamente, ya que también lo está emocionalmente. De manera lenta se dirige al coche, lo que Juan interpreta como que tiene frío. Sin embargo, ella ha tomado una decisión: va a atropellar a Juan, que sigue con su confesión: "aquí mismo matamos a un hombre. Le dejamos morir porque nos estorbaba", como él a ella en esos momentos. María José, ya en el coche, mira la hora en su reloj. Son las 18:50h, hora del crepúsculo como le revela Juan, pero demasiado tarde para ella.

Con el uso de una serie de planos subjetivos cada vez más cortos se asiste a la mirada de María José, inquieta y nerviosa, ya que no va a llegar a tiempo para huir con su marido. Juan sigue hablando: "tengo tantas ganas de vivir como nunca. Es duro empezar otra vez, pero es bueno", proclama al horizonte, pues es evidente que habla para sí mismo, pues sabe que María José ya no le escucha. Ella está nerviosa en el coche, como demuestra que frote sus manos o se toque la cara. La música se intensifica a medida que aumenta la tensión. Se produce una doble dualidad: mientras Juan está en calma, tranquilo, María José se pone cada vez más nerviosa. Con la utilización de un plano trasero abierto se puede ver, a través del cristal delantero del coche, a Juan que se acerca al centro de la carretera. Con la mano le indica a María José que se aproxime. Ella obedece y arranca el coche con la llave de contacto. Su rostro cambia, levanta la vista, mira a Juan de manera intensa, agarra fuerte el volante con las dos manos y, tras un instante de duda, mete la marcha y arranca rápidamente. Juan, ajeno a la situación, está mirando el paisaje mientras fuma. Se gira al oír al coche acercándose y María José lo atropella. Para el coche y mira a Juan por el espejo retrovisor. Sale del vehículo y, con el mismo plano que comenzó la película, esto es, un plano general bajo contrapicado en el que no puede verse a Juan, María José se acerca. La cámara se mueve cada vez más para ofrecer un plano muy picado de ella, que no dice nada, no hace nada.

Hay varios aspectos que se deben tener en cuenta. En primer lugar, la muerte de Juan a manos de María José. El hecho de que sea ella quien decida acabar con Juan y lo haga adquiere trascendencia y verosimilitud, ya que María José representa a una clase social que está defendiendo a toda costa sus privilegios. También es relevante el lugar en el que sucede este momento. La carretera es la que va de Carabanchel a Aravaca, lugar del Frente de Madrid (Deltell y García Sahagún, 2020) y donde combatió Juan con el bando nacional. Es relevante cómo el lugar adquiere significado en la película ya que, cuando sucede el primer atropello, Juan no nombra la guerra ni identifica el lugar como conocido, pero cuando confiesa lo sucedido y decide que va a entregarse, identifica claramente el lugar con una gran carga simbólica: allí luchó en la guerra, allí pensaba en María José, allí han atropellado a un hombre y es precisamente allí donde él muere. De hecho, "el asesinato de Juan por parte de su amante en el páramo donde combatió se transforma en un símbolo de una generación de soldados franquistas que vencieron la guerra, pero perdieron la posguerra" (Deltell y García Sahagún, 2020: 365).

5.3.10. Es el fin   1h. 16′57″

Miguel está nervioso en el salón de su casa. Se oye el tic tac de un reloj que anuncia que la hora en la que deben viajar está cerca, lo que aumenta su tensión y agonía. Su mujer se retrasa y no llega. Se levanta y camina por el salón, cuyos muebles están tapados con sábanas. Nervioso mira el teléfono que no suena. Creyendo que ella lo ha abandonado, coge un retrato de María José que estaba encima de una mesa baja y, muy enfadado, lo tira al suelo. El cristal se rompe y se puede ver, por el efecto óptico del vidrio roto, el rostro de María José descompuesto. De nuevo, se vuelve a recurrir a la rotura de un cristal como modo de simbolizar la opresión y la angustia de quien está detrás de él.

5.3.II. Muerte y redención 1h. 17′ 48″

Tras atropellar a Juan, María José emprende una huida frenética del lugar, ya que debe llegar a tiempo para irse con Miguel. Cada vez acelera más, se hace de noche, y la visibilidad es muy poca.

Para dar una mayor sensación de agobio, se utilizan muchos planos cortos de duración y con encuadres pequeños, abundan los primeros planos y los planos detalle, además de la potencialidad que adquiere la música para reforzar esta sensación. La velocidad va en aumento, lo que impide a María José esquivar bien a un ciclista que viene por la carretera. María José, al dar un volantazo, pierde el control de su coche, que cae por un puente. El ciclista baja de su bicicleta y se asoma al lugar del accidente. Con un plano medio del rostro de María José bocabajo en primer plano y con el ciclista de fondo, Bardem, esta vez sí, muestra el rostro de la mujer muerta, algo que es significativo por el valor que adquiere: María José no podía escapar inmune de los delitos cometidos, asesinato y adulterio. El ciclista retrocede al ver el rostro de María José y, tras unos instantes de duda, se monta en su bicicleta y se dirige hacia la casa que hay al lado de la carretera para pedir ayuda. Esta acción adquiere relevancia por lo que significa: la clase obrera salvando a los adinerados. A diferencia de lo que hicieron Juan y María José con el ciclista que atropellaron, él decide ayudar, lo que pone de manifiesto que en la España franquista no todo el mundo es un egoísta que no asumen sus actos. Es significativo, además, cómo el primer ciclista es un rostro anónimo, que simboliza que puede ser cualquiera el atropellado, frente a este ciclista con un rostro concreto, el de aquellos que lucharon contra los que mantienen una sociedad en la que no importa la vida de un pobre hombre que muere al volver de la fábrica pues nadie investiga quién lo atropelló. Sobre la imagen del ciclista dirigiéndose a la casa finaliza la película con la palabra fin.

Con la muerte de María José la película potencia el mensaje de la vuelta a un orden normativo, a la vez que castiga a la mujer por ser sexualmente activa, lo que amenaza el matrimonio católico burgués que el franquismo defiende. Con este fallecimiento, además, la película adquiere estructura circular, al finalizar como empezó: con la muerte de una persona en la carretera, a lo que Bardem le introduce un cariz político al ser el ciclista implicado en el accidente quien acude a pedir ayuda. Se refuerza, de nuevo, la idea del altruismo y solidaridad de los que menos tienen frente a aquellos que están rodeados de privilegios. Estos valores de solidaridad y fraternidad son los que Bardem potencia para regenerar un país. La solución al franquismo está en aquellos que más han sufrido por él, los más desfavorecidos y los que no estuvieron implicados en la contienda, la nueva generación.

6. LA CONSTRUCCIÓN CINEMATOGRÁFICA: RECURSOS TÉCNICOS, EXPRESIVOS Y NARRATIVOS

6.l. Guion

La escritura del guion era un trabajo sumamente gratificante para Bardem, ya que, como expresó en un artículo que escribió en 1952 titulado *Guionista contra director. ¿Quién es el padre de la película*, él consideraba "al guionista como el artista principal de una cinta frente al director, cuyo papel era para él meramente auxiliar" (Romero García, 2022: 15). Este artículo causó enorme polémica en el momento y tuvo que escribir otro unos meses después, *Director seis, guionista uno. Fin de la polémica*, en el que indicaba que para él lo ideal era que guionista y director fuesen la misma persona. En sus memorias sigue defendiendo la importancia del guionista:

> Yo sigo en mis trece aún hoy. Si el director es sólo un *metteur en scène* en una producción de la que el productor (léase *The Producer* de Richard Brooks) ya ha construido los decorados, seleccionado las localizaciones, elegido el reparto y luego ha hecho el montaje, el único que verdaderamente puede llamarse autor sigo creyendo que es el autor del guión, sea éste original o adaptado (Bardem, 2002: 114).

El guion de *Muerte de un ciclista* fue publicado en México por la Universidad Veracruzana (Xalapa, 1962) a principios de los años 60, en España por Aymá (Barcelona, 1962) y en Francia en la revista francesa *L'Avant-Scène Cinéma*, con el título *Mort d'un cycliste*. De la versión mexicana se tiraron dos mil ejemplares.

La idea partió de una noticia publicada en prensa[5] que Luis Fernando de Igoa, uno de los directores del teatro María Guerrero,

---

5 Nancy J. Membrez (2020) sugiere en su investigación que el suceso fue real y que podría implicar a Francisco Franco, que sufrió un accidente en Asturias, tal y como se recogió en diversos medios, como el *ABC* y *El Adelanto* en agosto de 1935. Según esta investigadora, las noticias publicadas apuntaban a que Franco y su familia estaban bien, y apenas incidían en la muerte de uno de los dos jornaleros atropellados, que iban en bicicleta. Ni De Igoa ni Bardem han hecho nunca alusión a esta noticia al hablar de su fuente de inspiración. En otra información similar, se recoge este hecho, pero no se sitúa en Asturias sino en Salamanca, concretamente entre las localidades de Pelabravo y Calvarrasa de Abajo e, incluso, se citan datos de los dos ciclistas: "Se llamaban Agustín Curto Pérez y Matías Martín Miguel, de 24 y 26 años. Eran dos jornaleros de Calvarrasa de Arriba que aquel día habían salido

transformó en guion cinematográfico. Bardem, conocedor de la historia, se la ofreció a Manuel Goyanes, el productor de su anterior película, y, tras hacerse con los derechos, cambió radicalmente el guion, como él mismo indicó:

> en los títulos de crédito de la película se cita: Según la idea original de Luis Fernando, pero el guión suyo no tenía nada que ver con el que yo hice. No lo usé en absoluto. Todo lo que se ve ahí es cosecha mía, salvo el rótulo inicial. A Goyanes le gustó mucho y trabajamos muy bien para hacer la película (De Abajo de Pablos, 1996: 42).

La construcción del guion sigue una lógica metódica nada convencional. De hecho, se conoce antes el hecho, el atropello, que a los personajes protagonistas, para posteriormente conocer el resultado de aquel incidente. Se inicia la película en alto, con la muerte del ciclista, para después ir aumentando la tensión a medida que la historia se desarrolla y crece el desconcierto sobre lo que va a suceder. Su forma de escritura tiende al barroquismo e incluso abusa de un apego más cercano a lo literario que a lo cinematográfico, con una subrayada explicitud teatralizante de muchos de sus diálogos. Un ejemplo de esto se puede observar en la acotación del plano final que se recoge en el guion: "El Ciclista pedaleando rápidamente se alejó en medio del crepúsculo. Había un gran silencio" (Bardem, 1962: 128) o en esta otra: "Juan estaba mintiendo, sus ojos mentían" (ibid.: 10). El exceso de reflexiones retrospectivas que irrumpen en los diálogos los realiza para acentuar el cambio interior de Juan, que es el personaje que más habla y que más reflexiona en voz alta:

> Quisiera pedirle un favor [...] Un día, me gustaría hablar con usted, o mejor, oírla hablar de todo [...] de lo que piensa sobre las cosas [...] Sí [...] tal vez le parezca extraño [...] Pero si viese. He estado mucho tiempo lejos de algo [...] ¿Cómo diría? [...]. De lo verdadero, de algo en lo que pudiese creer [...]. Me dejará, ¿verdad? (ibid.: 95).

Hay, además, ciertos momentos en los que se aleja del realismo por ser demasiado cartesiano y crítico con la realidad, ya que abusa de los motivos, como que María José salga en el NO-DO en una fiesta recaudando dinero para los pobres y que su amiga recalque en dos

---

en bicicleta a la homónima de Abajo, a buscarse la vida y trabajar en alguna era. A la llegada de los efectivos de emergencias, Agustín Curto ya estaba muerto" (Soria, 2019).

ocasiones que lo hacen no por altruismo sino por socializar. De hecho, esta amiga, cuando María José le muestra una joya nueva, llega a afirmar: "Un brazalete nuevo a cambio de mil pobres nuevos". Este exceso de subrayado está presente desde la escritura del guion y remarcado por la puesta en escena y el montaje.

Las películas de Bardem cumplen un objetivo político y social, además de cinematográfico, por lo que sus tramas y personajes obedecen a una construcción más funcional que meramente ornamental que representan distintos grupos sociales o símbolos. Así, por ejemplo, María José, su marido y su grupo de amigos personifican a la alta burguesía, cuyos privilegios provienen y se mantienen gracias a su cercanía con el régimen; el ciclista atropellado, a los perdedores en la guerra y a los desfavorecidos socialmente; Matilde, a la nueva generación que debe cambiar la sociedad; Rafael, a la cultura que se vende a los más ricos, etc. En todas sus películas, uno de los personajes es su alter ego que, con sus actos y palabras, expone su pensamiento; en este caso, es Juan. En su forma de escritura, "busca permanentemente una vía para la conexión entre la experiencia individual y el sentido de la Historia (con mayúscula), entre el drama personal y el contexto social" (Heredero, 2022: 25).

Si se compara el guion escrito con la película ya montada se observa que, ya desde su escritura, Bardem planifica ciertos aspectos visuales, como los montajes paralelos e incluso los diferentes planos. Hay dos categorías de cambios entre el guion publicado y el montaje final. Por un lado, los que se efectúan en el lenguaje audiovisual, como la significativa reducción del número de planos (que en el guion eran 635 y en la copia final 446) en aras de la economía narrativa, aunque en algunos casos se han incorporado planos nuevos para reforzar el formalismo en aquellos fragmentos en los que se torna necesario. Por otro lado, se detectan cambios en la escritura de dos tipos. Unos cambios son menores, pequeñas alteraciones que se producen por el cambio de un lenguaje literario a uno audiovisual que requiere un diálogo más fluido y menos literario: en el guion, la vecina le comenta a Juan: "Yo se lo puedo decir [...] mire [...] pase" (Bardem, 1962: 46), y en la película se le añade al final de la frase: "total, para lo que hay que ver". Otros cambios son mayores y fuerzan a la acción, como cuando María José, en la iglesia, le dice a Juan que se ocupe del ciclista. En el guion pone "Sí. Quisiera mandar, bueno, que mandásemos dinero a la viuda. Un donativo… ¡Eso! Un donativo anónimo… Encárgate tú, ¿quieres? Y me dices lo que tenemos que hacer" (ibid.: 99), cuando en la película esta última frase no la formula, para reforzar su carácter dominante en la relación.

Hay otros cambios que se producen en el guion indicados por la censura, como los relacionados con la manifestación de estudiantes. Así, se suprimen fragmentos del texto –"Juan: No irán a declararse en huelga, ¿verdad"; Matilde: No pueden. Está prohibido" (ibid.: 34)– o bien ciertas acciones se ven reducidas a la mínima expresión y se visualizan en segundo plano, como todas las secuencias en las que se muestran las revueltas estudiantiles, que son suprimidas (ibid.: 86-87, 88, 91, 96) y se ven a través de la mirada de Juan desde el despacho del decano. Resultan significativos los cambios que se producen en el final de la historia para remarcar la relación adúltera que María José y Juan han mantenido y que no debe quedar impune (ibid.: 114-118). Entre las alteraciones más significativas está la omisión a cualquier muestra de amor, como la supresión en el montaje final de este extracto: "Juan: Estás conmigo… Siempre has debido estar conmigo… Te quiero tanto. Te quiero desde hace tanto tiempo…" (ibid.: 117). También se ha suprimido cualquier posibilidad de futuro para la pareja: "María José: Nos separarán. ¿Cuánto tiempo? Juan: No sé. Unos años. María José: ¿Me querrás luego? Juan se incorpora y tomándola en sus brazos, la besa" (ibid.: 114). Ni este diálogo ni este beso se muestran en el montaje final.

6.2. Dirección

"Creo que soy un buen *filmmaker*, uno entre los 100.000 excelentes directores que hay por el mundo", decía irónicamente Bardem (2002: 201) en sus memorias. Pero lo era, como quedó demostrado con *Muerte de un ciclista*. El cineasta había manifestado en varios de sus escritos su posición sobre lo que debía ser el cine y sus gustos cinéfilos:

> Digamos que el ochenta por ciento lo he aprendido en el cine americano. También del cine francés. Luego del cine italiano de la postguerra. Pero a mí lo que me apasionaba era el realismo por un lado y lo que me gustaba, y me sigue gustando, es la belleza por otro (De Abajo de Pablos, 1996: 41).

Al comienzo de su carrera firmó innumerables textos –fue uno de los fundadores de la revista *Objetivo*, en la que publicó diversas crónicas de festivales internacionales de cine–, pero, sin duda, el que más polémica causó, además de su célebre disertación en las Conversaciones de Salamanca, fue "¿Para qué sirve un film?" (Bardem, 1956: 24-25):

> En las actuales condiciones de la producción cinematográfica, se aspira sobre todo a proporcionar una diversión momentánea al mayor número posible de espectadores. Diversión en el más auténtico sentido de la palabra, en su verdadero sentido de sacar de sí mismo al espectador del espectáculo de su propia contemplación y lanzarlo hacia un mundo diferente, reproducido en términos de luz, de imágenes y de sonidos. [...] Las diferentes crisis de contenido por las que atraviesan todas las cinematografías podrían tener su origen en esta sustitución de "lo mejor" por "lo más rentable". Rectificar, pues, la mirada del espectador hacia la dirección mejor me parece una tarea importante y seria. Esta dirección debe consistir, ante todo, en una vuelta a la realidad, al realismo en el contenido del cine. Mostrar en términos de luz, de imágenes y de sonidos la realidad de nuestro contorno, aquí y hoy. Ser testimonio del momento humano. Pues, a mi parecer, el cine será ante todo testimonio o no será nada.

En su cine se observa que sigue las máximas que defiende en este texto, ya que muestra la realidad española de la época, con los límites explícitos e implícitos que el régimen permitía, utilizando para ello un cuidado lenguaje audiovisual, como demuestra en *Muerte de un ciclista*.

En el momento de su realización había una clara admiración por el cine neorrealista, del que se nutrió, si bien es cierto que en esta película hay más inspiración temática y de intencionalidad (como la de mostrar el aquí y el ahora de un país) que estética, ya que se aprecia una fuerte voluntad formalista tendente al expresionismo, con una puesta en escena y planificación manierista. El tipo de plano a emplear depende más de una funcionalidad concreta que tiende más a una planificación clásica que expresionista, aspecto que potencia con un montaje muy visible en determinados momentos.

La película tiene una enorme voluntad formalista, que se aleja de la ilustración, y que tiende a un exceso de subrayado en ciertos momentos en los que la técnica está demasiado presente, con escenas muy complejas por el gran número de planos utilizados o la inclusión de planos-secuencia. Bardem combina la utilización de la economía narrativa en ciertas escenas, como la que abre la película, con otras con tendencia al barroquismo, como la del tablao flamenco. La secuencia de inicio, en la que se superponen los títulos de crédito sobre un plano general en el que entra, por el cuadro derecho, un ciclista cuyo desgraciado desenlace ya se vaticina con el título de la película sobreimpreso, es un claro ejemplo de la soberbia utilización del menos es más que Bardem usaba de forma puntual en sus películas. En tan solo dos minutos de duración y con tres planos (dos planos generales de diferente apertura y un plano medio), cinco palabras y música, Bardem demuestra que la suya no es una película fácil de ver ni vacía, y que debe ser el espectador quien, no solo en ese momento, sino también en otros, reconstruya lo que el director pretende decir. Hace, además, un uso muy acertado del fuera de campo, ya que no muestra el atropello, tan solo se escucha el chirrido del frenazo del coche que provoca el fin de la música y, en el siguiente plano, al que se pasa por corte, se ve a María José en primer término y a Juan en segundo mirando hacia el lugar del accidente. Pero no solo deja oculto el atropello, sino también al ciclista arrollado, del que no se ve nunca su rostro ni su cuerpo, solo la rueda de su bicicleta girando. El hecho de que no muestre su cara es un hábil recurso para mostrar la uniformidad de la clase obrera, ya que cualquiera puede morir atropellado por una pareja de la alta burguesía. Es, sin lugar a duda, un ejemplo que demuestra la eficacia expresiva de una buena puesta en escena.

La escena que se desarrolla en el tablao flamenco, en la que se evidencia el uso de una planificación analítica y cuidada, es una muestra de la voluntad formalista del director y de la profusa composición estilística de sus películas. Comienza con un plano cerrado, para después contextualizar la escena. En este caso, se muestra un primer plano de los palmeros que, con el uso de la metonimia, contextualiza dónde se desarrolla la escena. Esta misma técnica, la de mostrar partes para recomponer el todo, la utiliza con la bailaora de flamenco, ya que, mediante el uso de diferentes planos cerrados de sus manos, de sus tacones o de su vestido, hace alusión al cuerpo de la mujer de manera fragmentada. En tan solo 7 minutos y 30 segundos de duración, Bardem utiliza 70 planos, lo que evidencia una clara intención de fragmentar la mirada y hacer ver el montaje siguiendo los preceptos del cine soviético. Usa, además, el plano contraplano de manera constante a modo de diálogo entre las miradas de los diferentes personajes que, junto con el uso del sonido homodiegético, refuerza el decir sin oír nada, como si se tratase de una escena de cine mudo.

En líneas generales, Bardem sigue unos patrones de dirección muy clásicos, ya que las escenas que contextualizan un lugar o describen acciones tiende a rodarlas con planos más abiertos, como generales y planos enteros; en los que hay varios personajes relacionándose, utiliza planos medios abiertos, y, cuando la tensión aumenta y deben estar muy presentes las emociones, recurre a los primeros planos e incluso a primerísimos planos, cuya expresividad refuerza con una iluminación muy marcada de contraste entre las zonas iluminadas, el rostro, y las no iluminadas, el contexto.

La cámara suele estar fija y recurre a los *travellings* en contadas ocasiones, como el de acompañamiento en la escena del tablao flamenco cuando Juan entra en la sala, bajo la atenta mirada de María José y Miguel, y se sienta en una silla, o en el hipódromo, cuyo desplazamiento acompaña a los protagonistas mientras hablan. Utiliza angulaciones extremas cuando quiere reforzar ciertas impresiones sobre los protagonistas, como el juego de picados y contrapicados que se establece cuando Juan visita la corrala y mira, desde el pasillo en el que vivía el obrero y animado por la portera, al hijo del ciclista que juega con otros niños en una calle sin asfaltar. Ella le incita a mirar la vida desde otro punto de vista diferente al suyo para describirle una nueva realidad.

Se utilizan emplazamientos de cámara poco habituales, como de perfil o de espaldas, con los que Bardem busca profundizar en el comportamiento y en la actitud que tienen los personajes. En la escena que transcurre en el circo, un lugar poco habitual para una pareja sin hijos, se dan posiciones de cámara inusuales. Con la utilización del plano de perfil se muestra la creciente preocupación de la pareja, con el plano y contraplano que se realiza de manera frontal y de espaldas, la tensión entre ambos aumenta, pero esta se relaja cuando la cámara se vuelve a poner de nuevo en una posición frontal con un plano conjunto. Curiosamente, en la escena de inicio, cuando ambos están huyendo del lugar del accidente en su coche, la cámara también está posicionada detrás de ellos, por lo que solo se les ve las espaldas, además de a Juan cuando este se gira para mirar el lugar del crimen del que están huyendo. Esta posición, nada casual, remarca que han dado la espalda al ciclista, sin ampararlo y dejándole morir en una cuneta de una carretera desierta, además de reforzar que el que mira es el ciclista.

El filme tiende al formalismo con una esmerada composición del encuadre, angulaciones forzadas y una gran profundidad de campo. Los planos, estáticos, ganan agilidad debido a un montaje dinámico en el que apenas se hace uso del fundido ni del encadenado para ensamblarlos, sino de una profusión del uso del corte que otorga un ritmo acelerado a la película, como se puede observar en la escena anteriormente aludida o en la escena final, en la que en tan solo dos minutos y catorce segundos se montan 48 planos diferentes. Al hablar de su película, Bardem indicó que

el lenguaje que yo empleé [...] causó cierto estupor, hoy no causa el mismo efecto. Pero, en su momento, lo que yo hice sí era una innovación del lenguaje cinematográfico [...] usando el corte de una manera muy creativa y ligando con una acción dos escenas diferentes en dos momentos diferentes. Era muy innovador en ese momento (De Abajo de Pablos, 1996: 42).

A pesar de que se muestra crítico con lo poco innovadora que resulta vista años después, no es cierto todo lo que afirma, ya que su película, aunque tenga más de sesenta años, aguanta bien el paso del tiempo a nivel formal, precisamente porque está planificada de manera muy moderna para su tiempo e, incluso, para gran parte del cine que se hace en la actualidad. En esa afirmación el director se muestra escéptico, como era él con su tiempo, pero también con sus creaciones, llevando hasta la última instancia su espíritu crítico. La planificación tan efectiva y metódica que realizó, además del uso de un montaje intelectual a la vez que impactante, resultaron ser las mejores armas para mostrar una sociedad injusta, egoísta, en la que la alta burguesía vivía de espaldas a la realidad española, que no les importaba.

6.3. Montaje

El montaje que Margarita de Ochoa realizó en *Muerte de un ciclista* ha sido uno de los elementos que se ha destacado en las críticas cinematográficas, pero también en literatura especializada, debido al particular uso que hace del espacio-tiempo en algunos momentos claves de la narrativa, ya que hay un claro empleo de los encabalgamientos de montaje a modo de transiciones de coherencia formal que se da entre planos de diferentes escenas. Así, utiliza en varias ocasiones el denominado corte de continuidad, en el que un elemento común une diferentes escenas que se producen en diferentes espacios pero que, montadas de esta forma, parece que suceden en el mismo tiempo y espacio. El montaje se hace especialmente presente en ciertas secuencias en las que recurre de manera sublime al corte y al encabalgamiento, a veces de imagen y otras de sonido. Algunos ejemplos se dan en la secuencia en la que María José y su marido ofrecen una fiesta en su casa, Jorge, el cuñado de Juan, está dando un discurso a los presentes y, con un corte, este mismo diálogo continúa en el NO-DO que se está proyectando en la pantalla del cine en el que está Juan; María José y su marido están hablando en su cuarto y esta, en un arranque de efusividad, levanta sus brazos para darle un abrazo y le dice: "Ven aquí", pero, a continuación, es el rostro de Juan el que se ve en un plano corto en su habitación; la botella de vino que Rafa tira por una azotea tras enfadarse con Jorge y María José se convierte en una piedra que golpea el cristal de la universidad mientras Juan está mirando por él.

El hecho de situar a los dos protagonistas en ámbitos diferentes de la diégesis, pero uniéndolos con la técnica de plano y contraplano, dota de continuidad a la narrativa. Además, gracias a la utilización del corte como método de transición, De Ochoa refuerza la sensación de unión entre ambos planos, pese a que no se den en el mismo espacio y tiempo. Narrativamente tienen el poder de establecer relaciones entre los personajes, al tiempo que remarcan ciertos aspectos de la historia que Bardem y De Ochoa quieren que el espectador conozca, como la importancia que el cuñado de Juan tiene dentro del régimen y lo que esto supone para Juan; la doble moralidad de María José, quien tiene marido y amante, o el despertar de conciencia que sufre Juan tras cometer el asesinato del ciclista. De esta forma, bajo una aparente sencillez, el montaje consigue añadir capas de significado a las relaciones entre los personajes.

Este montaje, heredero de la escuela soviética de los años veinte, construye un tiempo y un espacio abstracto. Los cruces de miradas, diálogos y objetos, magníficamente planificados en rodaje y en montaje, no hacen sino añadir complejidad a la historia y ayudan a trazar líneas entre los personajes, además de servir para relacionar las diferentes realidades, como si fueran dos caras de la misma moneda.

Otro recurso que utiliza de manera sobresaliente Margarita de Ochoa en esta película es el uso del montaje paralelo, que permite mostrar dos situaciones que suceden en diferentes lugares al mismo tiempo. Recurre a este montaje con la secuencia de la boda y con la de la visita de Juan a la casa del ciclista, con la que, además, pone en evidencia la escasa representación que se hacía del proletariado en el cine de la época. Al mostrar la oposición de los dos espacios, se refuerzan las contradicciones entre dos situaciones totalmente diferentes que no hacen más que retratar las dos Españas que se daban en los años cincuenta: la de los ricos y la de los pobres, la de la clase alta (afín al régimen) y la de la baja. El primer plano de la barriada se muestra justo después de uno en la boda en la que María José y una amiga suya hablan de acudir a un campeonato benéfico de canasta a favor "de los niños pobres, de los niños tontos, de los niños algo". Se contraponen también un primer plano de los niños jugando en la calle y otros de la boda. El hecho de alternar los diferentes planos entre la pobreza y la opulencia remarca las grandes desigualdades que se podían observar, si se miraba con los ojos abiertos y con un espíritu crítico, en la sociedad franquista. De hecho, la censura pidió que se eliminara un plano de un niño comprando pipas, que estaba justo después de uno de la boda y que remarcaba las dispares situaciones de la población española de la época. La forma en la que están rodados ambos, pero especialmente el modo en el que están montados, nos muestra las dos caras de la misma moneda que era la España de esa época.

Es cierto que ya en el guion de Bardem se muestran ciertos aspectos del montaje, pero la labor realizada por De Ochoa logra elevarlos y potenciarlos al ejecutar cambios bruscos de escenas, en la mayoría de las ocasiones por corte, con la intención de crear la máxima tensión posible en el espectador, al tiempo que ahonda en la crítica política y social que Bardem quería realizar. Utiliza, por ejemplo, el montaje alterno de diferentes escenas para contrastar las dos Españas, como la visita de Juan a la barriada en la que vivía el ciclista atropellado, con la boda a la que asisten María José, su marido y su círculo más cercano.

Con este montaje se produce una ruptura y recomposición del espacio, del tiempo y de la acción, para construir una realidad alterna que demuestra la tesis del director.

6.4. Fotografía

La dirección de fotografía, realizada por Alfredo Fraile, es uno de los aciertos de la película, especialmente por la cuidada composición de la imagen y por el realismo de esta. El tono gris que tiene la película, además de sus paisajes desolados y gélidos, no hacen más que reforzar lo que suponía vivir bajo una dictadura. El matiz plomizo representa un "régimen decolorado y marchito, alejado del ideal de país por el que muchos jóvenes falangistas creyeron haber luchado durante la guerra" (Castro de Paz y Paz Otero, 2015: 70). El hecho, además, de que esté contextualizada en otoño no es baladí, ya que, como ha indicado Luciano Egido (1983: 62), esto tiene que ver "con ese otoño humano en que hay que dolorosamente afirmar el propio existir. La crisis de Juan no es solo moral; es mucho más completa. Es un reencuentro, una búsqueda absoluta de la propia verdad".

Bardem era conocedor del modo de trabajar de Fraile, a quien le gustaba abigarrar la fotografía y utilizar las sombras esbatimentadas en las que un objeto proyecta sobre otro la sombra y ayuda a construir el espacio de manera no natural, por lo que era calificado como "expresionista". La película tiende a una utilización de la luz no naturalista en interiores, en los que se busca marcar aquello que quiere ser mostrado y, a la postre, ocultado. Así, realiza un trabajo muy minucioso al iluminar zonas de luz y de sombra, como cuando oscurece toda la imagen y focaliza la luz sobre los ojos de los personajes. Un ejemplo muy claro de esta forma de trabajar se puede observar en la escena en la que Juan está en su cuarto, tras el atropello. Todo está oscuro, en sombras, excepto sus ojos, muy iluminados. En este momento la luz está dirigida y es muy antinatural, propia de la corriente estética expresionista, pero también cercana al género negro, que utiliza luz academicista que se aleja de las propias leyes de la luz, sin importar su correspondencia con la realidad. Bardem, como manifestó en numerosas ocasiones, era un gran aficionado a este género que le sirve de inspiración e incluso adapta alguno de sus estilemas. Sin embargo, llama la atención que en algunos casos las escenas se adhieran al estilo documental, como cuando Juan visita el barrio del ciclista. El hecho de que recurriese a mostrar esas imágenes utilizando grandes planos generales tenía una clara intención de denuncia social y de mostrar el aquí y el ahora de la sociedad española, aquella que el régimen no quería mostrar para dejar patente lo bien que se vivía con y en el franquismo. Así, en las escenas interiores, la luz tiende al expresionismo, pero en los exteriores la fuerza no recae en la luz (de hecho, siempre está nublado el cielo), sino en la cuidada composición y en la profundidad de campo.

Son numerosas las escenas en las que la profundidad de campo es extrema y, aunque dos personajes estén a varios metros de distancia, están en foco. Un ejemplo de este uso se puede observar en la escena en la que Matilde acude a la Sala de Juntas para protestar por el trato recibido. Ella entra por la puerta de la sala que está situada al final del espacio y él está sentado en primer plano, trazando una diagonal entre ambos al estar la cara posicionada de forma escorada buscando una mayor profundidad y tridimensionalidad. La distancia física entre ambos se torna en emocional, pues Juan no logra entender el malestar de ella, que le acusa de tener ese trabajo gracias a su cuñado, cuando ella sueña con prosperar por su esfuerzo. Antes de salir le llama "egoísta", aludiendo a la distancia que los separa. En las dos escenas en las que se narran los dos atropellos, el del ciclcista y el de Juan, se vuelve a recurrir a la profundidad de campo para que sea el espectador quien decida qué mirar, pero también para mostrar dos acciones simultáneas utilizando el montaje interno.

Alguna de sus características más notables, como dar preferencia a la composición frente a la luz o el trabajo de conjunto de dirección, decoración y fotografía, se pueden apreciar en *Muerte de un ciclista* en secuencias clave como la del inicio, todo un virtuosismo de composición y de utilización del fuera de campo que no hacen sino reforzar el sentido de la historia. Usó, además, iluminaciones zonales y puntuales que jugaban con las luces y las sombras, no solo las proyectadas, sino también las figuradas en la personalidad de los personajes. Esta forma de trabajo, que remite al cine negro más clásico, se utiliza en varias ocasiones a lo largo de la película, pero sirva de ejemplo la secuencia en la que Matilde acude a hablar con

Juan en su despacho. Ella está en la penumbra, pero, a medida que se hace más fuerte y crítica con la injusticia recibida, avanza hacia zonas más iluminadas. En la secuencia del tablao flamenco, la luz deja de tener una función puramente funcional para ser más compositiva, ya que subraya el misterio que rodea a todos los personajes y potencia lo que sabe (o no sabe) Rafael.

6.5. Música y sonido

Durante el franquismo, el cine no se zafó del control estricto que ejercía el gobierno sobre todas las esferas de la vida. Conscientes de su poder para influir en la población, promovieron una ley que obligaba a que todas las películas fueran dobladas, ya que así, si algo no gustaba de la versión original, podía modificarse con el doblaje. En las películas que se rodaban en régimen de coproducción, el doblaje se tornaba fundamental ya que, aunque la mayor parte se grababa en español, los actores extranjeros lo hacían en su idioma y después se doblaban en el estudio. Así, en *Muerte de un ciclista*, cuyo encargado de sonido fue Alfonso Carvajal, se utilizaron dobladores para determinados actores, como Lucía Bosé (María José), que fue doblada por Elsa Fábregas; Bruna Corrá (Matilde), por Mercedes Mireya; Alicia Romay (Carmina), por Ana María Saizar; y Otello Toso (Miguel Castro), por Francisco Sánchez. Curiosamente, la dobladora de Bose también se encargó de doblar a Betsy Blair, Isabel, la protagonista de *Calle Mayor*.

El encargado de la composición musical fue Isidro Maiztegui, quien trabajó con Bardem en otras películas. En esta juega con diferentes niveles de presencialidad de la música, ya que hay secuencias en las que apenas se percibe, y otras en las que adquiere tal protagonismo que se sitúa en un primer plano sonoro, como sucede cuando María José atropella a Juan. No es precisamente su espectacularidad la que hace brillar a la música, sino más bien su minimalismo, ya que con tan solo cuatro notas, macabras y tensas, que no dejan de sonar hasta la muerte de Juan, Maiztegui consigue trasladar al espectador el desasosiego de lo que va a suceder. La labor de montaje que realiza de Ochoa, ensamblando las miradas de María José con la música, logra reforzar la tensión y el dramatismo de esta escena.

Fouz Moreno (2018) ha analizado la funcionalidad narrativa de la música de Maiztegui en la película. En la escena de inicio, que se abre con un plano general de un paisaje gris en el que se ve una carretera, se escuchan los dos temas principales de la banda sonora creada por él. En *Preludio de una tragedia*, la orquesta indica que algo malo va a suceder gracias al uso de una melodía de flautín sobre un contrapunto de metales. Cuando el ciclista entra en cuadro, el *tutti* orquestal rítmico, en el que sobresale la utilización de unos flautines, es alegre y jovial, el que corresponde a alguien que acaba de salir de su trabajo y se dirige a su casa. Cuando la bicicleta desaparece de plano, suena una nota aguda que se repite de manera sucesiva hasta que la imagen del coche y el sonido chirriante de sus ruedas provoca el final de la música y el corte al siguiente plano. Este mismo tema suena de nuevo cuando María José sufre su accidente, reforzando la estructura circular de la película. La segunda composición, *Leitmotiv del miedo-conciencia tras la muerte del ciclista*, realizado con cuatro notas que suenan cada vez que Juan reflexiona sobre lo sucedido y toma conciencia de su comportamiento, es más intensa; un crescendo enlaza la tragedia con el regreso a la vida acomodada de los protagonistas, pero sobre esta vida pesa ya un accidente que va a marcar su porvenir.

Una escena simétrica a esta es la del atropello de Juan causado por María José, en la que, con tan solo cuatro notas, que se repiten y se intensifican a medida que aumenta la tensión, el espectador participa de la incertidumbre de no saber qué va a ocurrir. Estas cuatro notas, macabras y tensas, aparecen al inicio y no dejan de sonar hasta el final, conjugando la música y la mirada de María José. La repetición de una nota es un elemento que se suele emplear en esta película, como sucede en la escena en la que Rafael, sentado en el piano, toca de manera constante una tecla mientras le cuenta a María José, entre insinuaciones, lo que sabe de ella. La música, por tanto, se utiliza como refuerzo dramático al servicio de la narración.

Llama también la atención la utilización de dos elementos de la banda sonora como son los efectos (el taconeo, las palmas, etc.) con la música flamenca, combinada con el montaje, en la escena que sucede en el tablao. A pesar de no ser una escena muda aunque carece de diálogos, la música diegética impide saber qué le dice Rafael a Miguel, con lo que Bardem juega a aumentar la intriga de lo que sabe y no sabe cada uno de los personajes. La música domina la escena e impone su cadencia al propio montaje, cada vez más rítmico y frenético a medida que aumenta la tensión.

En otras escenas, Bardem también juega con la escasez de diálogos e incluso con el propio silencio, como cuando Matilde está realizando el examen y una sola palabra, ¡Váyase!, condensa toda la zozobra que Juan está sintiendo en esos momentos, reforzado por el uso de una música inquietante que comienza cuando Juan está leyendo el periódico mientras Matilde, en segundo plano, resuelve el problema. En ese momento se hace el silencio, mientras Matilde vuelve a su mesa ante la mirada y los murmullos de sus compañeros. En esta escena, los cuatro códigos sonoros están brillantemente utilizados para reforzar la narrativa.

6.6. Dirección artística y espacios del filme

La dirección artística de la película la realizó Enrique Alarcón, arquitecto de profesión, que entró en contacto con el mundo del cine de forma casual, ya que reformó el chalé de Florián Rey e Imperio Argentina. Tras la Guerra Civil, trabajó como ayudante del decorador ruso Pierre Schildneck y del escenógrafo teatral Sigfrido Burmann. *Muerte de un ciclista* fue la sexta película en la que trabajó y le supuso el inicio de su relación laboral con Juan Antonio Bardem.

En este filme se puede observar su gusto por rodar en espacios naturales, que la dotan de un estilo neorrealista que casa con la historia narrada. Los espacios interiores creados para la ocasión, como las casas de los protagonistas, obedecen a la lógica de dar la información justa y necesaria para que el espectador pueda saber algo más de los personajes.

Los espacios naturales, no muchos, son significativos de la ciudad de Madrid, como la Ciudad Universitaria, el hipódromo, la barriada en la que vivía el ciclista, formada por casas con las típicas corrales del Madrid más castizo, y la carretera que une Carabanchel y Aravaca, donde se producen los dos atropellos. Tanto la Ciudad Universitaria, foco de resistencia durante la guerra[6], como esta carretera formaron parte del Frente de Madrid. El régimen había realizado numerosas intervenciones arquitectónicas en la Ciudad Universitaria para que este lugar no fuese asociado a la República y a quienes lucharon para que Madrid no pasase a ser un territorio nacional. Sin embargo, Bardem logra resignificar este espacio y darle el valor y el sentido que se merecen como lugar de pensamiento crítico al incluirlo en su película (Deltell y García Sahagún, 2020). A estos habría que sumar diferentes calles de Madrid, el exterior del hostal en el que se dan cita los amantes, además de la azotea del tablao flamenco y los exteriores del restaurante donde se oficia la boda a la que acuden María José y su marido. No son muchos, pero sí significativos y tienen una gran importancia cuantitativa y cualitativa en la película.

Entre los interiores, además de las casas de los personajes, destaca la sala de cine, el circo, el tablao flamenco y el aula y la sala de juntas de la universidad. Sobresale el contraste que se establece entre los dos mundos que Bardem retrata: los pobres y los ricos, recreados por Alarcón en la construcción de ambos espacios. Así, dota de amplitud y de ornamentación las casas de María José, Carmina e, incluso, aunque de forma más modesta, la de Juan, que vive con su madre, frente a la casa que la vecina del ciclista le muestra, pequeña, oscura, lúgubre y carente de intimidad. El hecho de que sean corralas, en las que el pasillo central sirve como elemento organizador y de encuentro entre los vecinos, muestra la solidaridad, a veces obligadamente necesaria, a la que se ven abocados quienes menos tienen. Estas viviendas representan el Madrid más castizo y popular, por lo que el contraste con los otros ambientes se acentúa. Alarcón supo sacar provecho a estos espacios, ya que tenía claro la intención narrativa que poseen los espacios. Hay otro interior que destaca: el circo, porque que ambos acudan a un circo ya es llamativo *per se*, además de que la escena que se desarrolla en él tiene un tono muy angustioso porque ni María José ni Juan saben exactamente qué sabe Rafael. La ambientación que hace

---

6   Se recomienda la lectura sobre el uso de este espacio y la relación que tiene con la Guerra Civil del artículo de investigación realizado por Luis Deltell y Marta García Sahagún (2020). Los autores analizan la relación que la Ciudad Universitaria tiene como valor crítico al régimen y sitúan la película, y la protesta que se muestra, como antecedente de las manifestaciones de estudiantes que se dieron en 1956.

Alarcón de este espacio busca oprimir al espectador, ya que no deja ni un hueco libre alrededor de la pareja protagonista. Para Murillo (2014), la presencia de ambos espacios es una forma de integrar la poética compositiva del neorrealismo, ya que, si esta "se oponía al realismo, es porque rompía con las coordenadas espaciales, con el antiguo realismo de los lugares, desbarajustando los puntos de referencia motores" (Deleuze, 2012: 175).

En los espacios naturales es donde Alarcón menos presente está, al dejarlos lo más desnudos posible, como se puede observar en las escenas rodadas en la carretera. La utilización de encuadres amplios, además de mucha profundidad de campo, hace que Alarcón no deba "rellenar" artificialmente nada, ya que es el propio enclave el que manda. En este páramo tan solo destaca un árbol, no hay nada más que distraiga la mirada. De esta forma, la atención se fija en lo que sucede, permitiendo que el espectador elija dónde y a quién mirar. Esta misma lógica la sigue en una escena que se desarrolla en un interior, en la sala del decanato, que tiende más al vacío que al abigarramiento. En esta amplia sala, tan solo hay una mesa de reuniones muy grande rodeada de sillas, y sobresale lo vacías que están las paredes en las que, normalmente, suele haber retratos de antiguos decanos. De nuevo, Alarcón desnuda el espacio para que sean la luz y la acción que se desarrollan los máximos protagonistas.

Hay algunos escenarios que no siguen la lógica naturalista, como la secuencia que sucede en el tablao flamenco, en la que el uso de la luz, los movimientos de cámara y el montaje tienden al expresionismo, buscando reflejar la duda e incertidumbre sobre lo que sabe Rafael, lo que le cuenta al marido de María José y lo que les puede suceder. En este fragmento es donde más y mejor se refleja el buen entendimiento y el trabajo en equipo del director, el decorador, el iluminador y la montadora.

En cuanto a la puesta en escena, los objetos también son importantes y relevantes, al igual que el vestuario, pues denotan ciertos aspectos claves para la trama. Así, cuando Juan visita la casa de la vecina del ciclista, esta carece de toda ornamentación; sin embargo, se hace alusión a que la viuda del ciclista tiene máquina de coser, lo que supone en la época poseer, dentro de la clase baja, un *estatus* mayor, ya que permite poder ganar dinero extra. En cuanto a las alusiones que se hacen en la clase alta a determinados objetos, hay que destacar la recurrencia a hablar de joyas, de ropa e, incluso, de obras de arte, elementos totalmente prescindibles para el día a día. Sobre el vestuario, de nuevo la película juega a mostrar las diferencias entre ricos y pobres con las vestimentas que utilizan los personajes. Frente a los ropajes elegantes y glamurosos que usan María José y sus amigos, los personajes que menos tienen visten con atuendos utilitarios y nada ostentosos. Llama especialmente la atención la ropa de los niños pobres que están jugando en la barriada, que, por contraste con la escena montada en paralelo que es la boda, se ve todavía más sucia y destartalada. Guillamón Carrasco (2017: 319) analiza dos elementos del vestuario de María José, como son los guantes y el abrigo, que denotan su alto poder adquisitivo: "la utilización metonímica del guante blanco y la manga negra de su abrigo, con la carga simbólica de ambos elementos en la definición del personaje", que compara con el arquetipo de *femme fatale* del cine negro. Evans (2007) indica que los guantes blancos serían los sustitutos del uso fetichista de los zapatos de tacón en el cine negro clásico. Hay otros elementos de la caracterización de María José que se pueden identificar con ciertas características de la *femme fatale*: conduce y fuma, considerado negativo para una mujer de esa época al tratarse de un reclamo de la atención masculina. Además, su melena es corta, todo un símbolo de modernidad que solo las extranjeras podían permitirse (Martín Gaite, 2017), ya que las mujeres españolas "de verdad" debían llevar la melena larga (Zubiaurre, 2014).

7. INTERPRETACIONES DEL FILME

7.1. Crítica social y política

Bardem se sirve del crimen cometido por los amantes furtivos para sacar a relucir, como suele ser habitual en el cine negro clásico, aquello que está oculto en la sociedad española del franquismo: la doble moral, las desigualdades, el enchufismo, el sistema endogámico de la universidad, etc. *Muerte de un ciclista* es una película que habla de la hipocresía y de las falsas apariencias, como aparentar un feliz matrimonio o hacer obras benéficas para pasárselo bien. También de la conveniencia, como la del matrimonio de María José, que no está con su marido por amor, sino por mantener su estatus, su dinero, su posición social. Su marido sabe lo del amante, pero está con ella porque su mujer es guapa, elegante y queda bien en cualquier fiesta. María José, por su parte, a pesar de mantener una relación extramatrimonial con Juan, no quiere estar con un simple ayudante de profesor universitario porque no le daría todo lo que ella quiere y necesita, como un estatus, una posición, una vida fácil y acomodada, como le insinúa su marido cuando se están arreglando ambos para ir a una fiesta. En esta conversación, y en toda la película, se habla claramente sobre la importancia de mantener las formas, especialmente si se pertenece a la clase alta, de las dobles apariencias y de la doble moral de la España de los cincuenta. Bardem critica la podredumbre moral de los que están más arriba en la escala social, para quienes perder la posición social está por encima de cometer un asesinato.

En el filme se contemplan dos actitudes diferentes. Por un lado, está el no asumir responsabilidades, pasar por alto la gravedad de haber atropellado mortalmente a una persona y huir del lugar del crimen cuando todavía sigue con vida, querer indemnizar anónimamente como quien lava su conciencia con dinero, olvidarse del asunto y seguir como si nada hubiese pasado, incluso con la infidelidad en un matrimonio católico. Hay otra postura, la del valor ideal que proviene de una subtrama que surge por la injusticia cometida contra una alumna. En este caso, los estudiantes deciden solidarizarse y se manifiestan por alguien que no son ellos. Este hecho, aparentemente poco transcendental, origina en Juan una crisis identitaria. De este modo, el atropello incide de dos formas muy diferentes en ambos amantes, ya que la defensa de la pertenencia a un estrato social a cualquier precio, como representa María José, se contrapone al estado de confusión que se apodera de Juan, quien, pese que actúa de acuerdo con el sistema de valores que asume casi con el estoicismo propio de quien obedece gratamente a su benefactor, vislumbra un horizonte nuevo, el advenimiento de un modelo de sociedad que se está empezando a gestar.

Bardem sitúa el cambio en la nueva generación, jóvenes estudiantes que lideraron las protestas estudiantiles después de que se produjera un cambio de orientación en la lucha estudiantil, ya que a mediados de los años 50

> retrocedió el peso de los dirigentes en el exilio, cada vez más mayores y más distanciados de lo que sucedía en España, y aumentó el peso de los militantes del interior, menos atados a viejas disputas […] y más vinculados a los problemas de la vida cotidiana (Baldó Lacomba, 2006: 33-34).

Surgió lo que Lizcaino (1981: 9) ha denominado la generación del 56: "nació en los albores de la posguerra española, se educó en el período más duro de la consolidación del franquismo y protagonizó en su madurez la transición al régimen hacia la democracia formal". Esta generación estaba deseosa de cambios en la universidad, pero también en la sociedad, algo que el rector de entonces, Laín Entralgo, supo ver y recogió en un informe sobre la situación espiritual de la juventud española. La película de Bardem, que no estaba ajeno a esta situación pues formaba parte del caldo de cultivo, muestra, de forma premonitoria, una manifestación estudiantil, algo que en la España franquista no había ocurrido hasta esos momentos, por lo que se adelanta, quizá de forma precursora, a las primeras protestas universitarias que se realizaron en la Universidad de Madrid en 1956 (Mesa, 1982). Los denominados "Sucesos de 1956" fueron una serie de disturbios que se sucedieron en la universidad madrileña en febrero de 1956 después de que un grupo de estudiantes repartiese un *Manifiesto a los universitarios madrileños* que pedía la creación de un Congreso Nacional de Estudiantes. Tras una serie de acciones que acabaron con varios heridos y bastantes detenidos, como Miguel Sánchez Mazas, Ramón Tamames, Javier Pradera, José María Ruiz Gallardón o Fernando Sánchez Dragó, y con la dimisión del rector, Pedro Laín Entralgo, y el cese del decano de Derecho, José Torres López, Franco destituyó al ministro de Educación, Joaquín Ruiz-Giménez, y a Raimundo Fernández Cuesta, secretario general del Movimiento. Estos sucesos fueron relevantes porque supusieron que la contestación universitaria fuera una forma habitual de protesta hasta la muerte de Franco y acabaron con toda esperanza de una universidad plenamente franquista (Rodríguez López, 2002: 42).

Estos acontecimientos también afectaron a Juan Antonio Bardem a nivel personal. En esas fechas se encontraba rodando en Palencia su siguiente película, *Calle Mayor*, y hasta esta ciudad castellanoleonesa fue desplazado un grupo de la brigada político-social para proceder a la detención del cineasta. Bardem (2002: 290) relató en sus memorias este hecho:

me llevaron desde Palencia hasta los calabozos de la Puerta del Sol. Yo estaba preocupado por la suerte de María y la niña, pero sobre todo por Federico (se refiere a Jorge Semprún conocido con el alias de Federico Sánchez) y el conjunto del PCE.

Gracias a la intervención de Betsy Blair, la actriz protagonista y también comunista, que se negó a grabar con otro director, y que la película era una coproducción, el director salió en libertad tras pasar quince días en la cárcel. En sus memorias también indicó que

durante esos quince días, las autoridades franquistas recibieron decenas de telegramas de los más nombrados intelectuales europeos pidiendo mi libertad. El último que se recibió lo firmaban Albert Schweitzerm, C. T. Jung y Charles Chaplin (ibid.: 292),

Esto denota la importancia que el suceso tuvo en el ámbito intelectual de la época.

Con las imágenes de las protestas de estudiantes[7], disimuladas con fines puramente académicos, la película "mostraba la posibilidad de una lucha en la universidad que hasta entonces no había ocurrido" (Deltell y García Sahagún, 2020: 356), a pesar de que el PCE había decidido abrir una nueva estrategia de protesta e iniciar su infiltración en los medios sindicales, universitarios e intelectuales. En cierta manera, Bardem llevaba a la práctica las premisas del PCE que incidían en el papel que tenía la cultura para promover un movimiento contestatario contra el régimen, a la vez que hacía, como venía siendo habitual en él, una utilización marxista de la función social del cine, ya que para él, si se cambiaban los contenidos de las películas, cambiaba el cine y, por extensión, se producirían efectos en la sociedad. Esta fue, sin lugar a

---

7   Una de las manifestaciones no pudo rodarse en la Ciudad Universitaria (ya que el mero hecho de que alguien pudiera observar una protesta ya era un elemento impensable en el franquismo), sino en la Sede Central del CSIC, cuya disposición, una plaza interior, resultaba más adecuada y permitía que se mantuviera casi en la clandestinidad.

duda, una de las máximas de su cine: "el cine será ante todo testimonio o no será nada". En una entrevista, Bardem explicó el papel que según el PCE debían cumplir los cineastas afines a este partido:

> siempre hubo un conjunto de cineastas comunistas con la idea de hacer un tipo de cine que no pertenece al aparato de propaganda del Partido, pero que es nuestra contribución específica como cineastas y como comunistas. Y todo ese tipo de películas […] cumplían una meta muy simple, en ese momento de desinformación, que era el de la contrainformación (Castelo, 2004: 181).

Además de incluir estas manifestaciones, Bardem situó su película en la Ciudad Universitaria, símbolo de resistencia durante la Guerra Civil, por lo que el escenario adquiere un mayor simbolismo, si cabe. Deltell y García Sahagún (2020: 355) han analizado en profundidad la relación entre este enclave y la película de Bardem e indican que *Muerte de un ciclista* es el primer ejemplo "que muestra un relato diferente de las consecuencias de la Guerra Civil en el bando vencedor y utiliza la Universidad y su valor como ejemplo de territorio crítico al régimen". Además, el director hace una lectura de la Guerra Civil en clave de lucha de clases, ya que la guerra es presentada no solo como un conflicto meramente político, sino como un enfrentamiento social entre la clase alta, que ganó, y la baja, los perdedores.

En las escenas que comparten Juan y Matilde se puede observar de forma notable un sentimiento de impotencia ante el régimen y un llamamiento a cambiar las cosas, con frases como "lo importante es gritar", "es el problema de todos ellos", "yo también grito: fuera, fuera, fuera". Matilde, como símbolo de esa nueva generación, representa el relevo de una sociedad que protagonizará importantes cambios, por lo que Juan no duda en despedirse de ella deseándole "Suerte". Juan, al que el accidente le sirve como catarsis para romper con un mundo que odiaba y para darse cuenta de que hay otro mundo, desea que algo cambie en la sociedad y sabe que será la generación de Matilde, los estudiantes, quienes propiciarán este cambio, algo en lo que Bardem creía. De nuevo, se puede observar que la militancia que profesaba Bardem impregnaba sus películas, ya que su oposición al régimen está verbalizada por Matilde y los estudiantes y respaldada por Juan, que ha despertado de su largo letargo. No se debe obviar que tanto sus películas como sus opiniones se circunscriben a la época histórica en las que están creadas, por lo que todo lo que hizo durante el franquismo tiene una clara orientación marxista, aunque había que leerla entre líneas. *Muerte de un ciclista* no es

> un film que alardee de comunismo, no podemos llegar a tal conclusión a partir de lo que el texto fílmico muestra, pero sí que cierra un eslabón más en la idea que ya las secuencias finales de *Felices Pascuas* anunciaban: el cine español como un reflejo de la realidad española (Minguet, 2004: 81).

El hecho de que Juan sea profesor universitario le sirve a Bardem para criticar el nepotismo que se daba en la sociedad franquista. Juan, que ya ha mostrado su insatisfacción en los primeros minutos de la película por tener un puesto en la Universidad gracias a su cuñado, es consciente de ello cuando Matilde le indica que no va a servir de nada que ella se queje porque "su cuñado es muy poderoso". Al oír estas palabras, Juan se da cuenta de que no solamente él es consciente de que tiene ese trabajo gracias a su familiar, sino que es algo sabido que, aunque a nadie de su entorno parece molestar, sí que es cuestionado por los estudiantes. En ese momento, Juan es consciente de que haber aceptado el trabajo ofrecido por su cuñado es el motivo de su fracaso, ya que ha aceptado las migajas y se ha hecho cómplice del sistema, y valora la honestidad de Matilde: "Es usted valiente. Me gusta. Al menos ha sido sincera. Perdóneme, realmente he sido injusto con usted", le dice a modo de despedida.

Muerte de un ciclista es el retrato crítico de un país dividido por la miseria, la pobreza y el poder, por lo que la representación que se hace de la sociedad franquista es dura. En la película quedan muy claras ciertas denuncias que Bardem quería realizar sobre la sociedad y el franquismo, como la falsa solidaridad de los que más tienen, que solo hacen obras de caridad por divertirse; el nepotismo del que Juan se aprovecha, ya que es profesor universitario porque su cuñado es un alto cargo del gobierno, o la retórica vacía de este que se ejemplifica con el discurso carente de profundidad que está dando en una cena ante unos invitados y que, manteniendo la continuidad, se ve en el NO-DO en el cine. Para Ana Llorente Villasevil (2008: 531) esta escena ejemplifica lo que el cine disidente pretendía hacer, esto es, deslegitimar las representaciones oficiales del régimen, en este caso los noticiarios franquistas. En el noticiario que Juan contempla en el cine se puede ver a su cuñado dando un discurso, un tanto vacío, y a María José realizando obras de caridad.

En la película, el cuñado es un poco el bufón del grupo de amigos, al que respetan por su cargo político, y María José no es, precisamente, una persona solidaria. Así, Bardem expresaría "una descalificación de los noticiarios franquistas a través del conflicto establecido entre lo que muestran como real en las pantallas y su auténtico referente" (Llorente Villasevil, 2008: 531).

La película refleja, por tanto, el compromiso político que Bardem tenía con los ideales comunistas, ya que, como él mismo afirmó, "trabajo como militante en hacer otro tipo de cine a través del colectivo de cineastas del Partido" (Castelo, 2004: 181). Esta concepción marxista del cine la descubrió, cuando era joven, tras la lectura del libro *Film Technique* de V.I. Pudovkin: "Comprendí […] la seriedad, la importancia que tenía el Cine, ya no solo como evasión, como entretenimiento, sino como cultura, como medio de expresión moderna, como arte, como belleza" (Bardem, 2002: 55). Todo ello teniendo muy presente que, como él mismo promulgaba, la película debía ser estéticamente bella, buscando no solo la dignificación artística, sino también la intelectual e ideológica del cine español de esa época. Como afirma Cerón (2006: 103), "*Muerte de un ciclista* sí representaba, en la medida de lo posible, un cine políticamente eficaz, socialmente sincero, estéticamente válido, intelectualmente ambicioso e industrialmente sano".

7.2. La utilidad de los personajes

Bardem crea personajes con fines estructurales, al dotarlos de una función que denota más un símbolo que una necesidad dramática. Sus personajes representan a la sociedad española de la época: el ciclista a las clases más bajas de la sociedad, al proletariado; María José, su marido, el cuñado de Juan y su círculo de amigos a la alta burguesía; y, por último, Juan y su madre pertenecen a la clase media. De hecho, es significativo que Juan viva con su madre, lo que evidencia que, a pesar de que dispone de una buena posición social y un buen empleo, no tiene el nivel económico deseado, además de carecer "del empuje para vivir por su cuenta" (Lafuente González, 2019: 401-402). Si la alta burguesía fue la máxima beneficiaria de la Guerra Civil y del franquismo, Juan se siente defraudado por haber combatido en el bando nacional, ya que, mientras él luchaba en la guerra, otros no se mancharon las manos con sangre y consiguieron, sin pisar el campo de batalla, una buena posición social e, incluso, quedarse con las novias de los que estaban ausentes, como le sucedió a Juan con María José. La película llamó la atención por mostrar la mirada de los perdedores de la Guerra Civil. Aunque Bardem no explicita su postura en la película, sí que manifiesta una actitud crítica con los que ganaron la guerra, y muestra las reservas de una parte de la sociedad que, tras haber apoyado la sublevación, comenzaban a dudar del régimen de Franco (Gubern, 1986: 126). Es la afirmación que realiza Paul Preston (2011: 671) sobre quienes ganaron la guerra, ya "que muchos reflexionaron de manera consciente sobre lo ocurrido, y en algunos casos tuvieron remordimientos de conciencia", tal y como se refleja en el personaje de Juan en la película.

El atropello al ciclista hace que Juan se cuestione su vida y lo que ha hecho, y tome conciencia de que había otra forma de hacer las cosas, de que la lucha no había servido para lo que él pensaba y que solo había beneficiado a los que estaban más altos en la escala social. Bardem denuncia el egoísmo –la película, de hecho, se llamó en Italia *Los egoístas*– de los que están más arriba en el escalafón social, y cuestiona la utilización de la solidaridad y la caridad en la realización de fiestas benéficas que en realidad solo buscan llenar el vacío y la agenda de quienes más tienen, pero no ayudar a los que más lo necesitan. La burguesía está caracterizada por su egoísmo, frente al sentimiento de solidaridad del proletariado y de los estudiantes. Juan, que pertenece a la clase media, se muestra más cercano a la clase alta al comienzo de la película, pero va acercándose a posiciones más solidarias a medida que toma conciencia de quién es y de lo que ha hecho. María José es quien mejor representa a la burguesía, ya que "es el ejemplo perfecto de conformismo arribista, de egoísmo sin fisuras, de tenacidad en el mantenimiento de un rango por encima de cualquier otra consideración" (Pérez Millán y Pérez Morán, 2015: 68), pues no duda en matar a quien quiere para mantener su posición o, como le dice su marido, el dinero y los apellidos.

Hay otro personaje que también se mueve por egoísmo: Rafael. No temerá chantajear a María José y, por extensión, a su rico marido para obtener rédito económico. Rafael, el intelectual del grupo, experto en arte y música, se convierte en el bufón del grupo. Este personaje representa a la intelectualidad que se adapta al régimen y que no cuestiona nada de lo que este hace a fin de seguir trabajando con las subvenciones otorgadas, ya que al franquismo le interesaba mostrar una imagen de país interesado por la cultura. Se mueve, por tanto, por egoísmo, y no vacila en aprovechar lo que sabe –o lo que cree saber– en su propio beneficio. Cabe puntualizar en este punto que Bardem plantea un guion un tanto tramposo, ya que nunca termina de aclarar si lo que sabe Rafael es solo la aventura o también el asesinato. Por cómo está planteada la escena del atropello, es del todo inverisímil que Rafael pudiera haberlo visto, pero Bardem lo insinúa con la conversación que se produce en el hipódromo cuando Rafael, que está leyendo las noticias del periódico, se detiene en el titular que informa de la muerte de un ciclista. Ante el chantaje que realiza primero a María José y después a su marido, sale perdiendo, ya que Miguel, en lugar de pagarle, le advierte que piense bien lo que va a decir, ya que ellos están por encima de él. En cierta manera, el personaje de Rafael es un catalizador de conciencia, al igual que lo es Matilde, aunque ambos lo articulan de manera diferente. Rafael no duda en intentar aprovecharse e, incluso, en un momento de borrachera les increpa: "Vosotros sois una basura. [...] Me tendréis que pagar para que no hable". Por el contrario, Matilde no pretende aprovecharse de la injusticia, ya que incluso se muestra comprensiva con Juan cuando este reconoce su error.

Matilde es un elemento externo al atropello, lo que, según Castro de Paz y Paz Otero (2015: 81), se relaciona con que pertenezca a las nuevas generaciones que no han sido testigos de la Guerra Civil y, por tanto, lo que ella le reprocha a Juan, y por extensión a toda la generación que participó en la guerra, es el sistema implantado tras esta. Rafael representa la conciencia individual y Matilde la colectiva, al ser su problema el problema de todos los estudiantes. De hecho, esta muestra de solidaridad colectiva es lo que hace despertar a Juan y ser consciente de su egoísmo y, por extensión, de la de todos aquellos que se han beneficiado con ser los ganadores de la guerra. "Es maravillosa esta falta de egoísmo en todos ustedes, esa unión, esa solidaridad. Muchos gritan por simpatía, pero los demás están realmente unidos a usted. Su problema es el de todos ellos", le dice a Matilde cuando es conocedor de las protestas. Esto le hace ver algo que él ha perdido y que el accidente y el suceso con Matilde le han hecho recuperar: "Hasta que no he oído los gritos de sus compañeros, solo he pensado en mis problemas. Pero después [...] me han hecho sentirme joven, y bueno y sin egoísmos. Como cuando yo rompía cristales y corría delante de los guardas. Me han hecho sentirme como ellos. Yo también grito, ¡fuera, fuera!". Juan, al que parece que lo sucedido le ha dado fuerzas para hablar, le expone a Matilde, a modo de confesión y en clara alusión al franquismo: "he estado mucho tiempo lejos de algo verdadero, de algo en lo que realmente pudiese creer".

Estos estudiantes pertenecen a la misma clase social que Juan, a la media, pero hay una distancia que los separa: la generación a la que pertenecen. Por eso el cambio de actitud entre Juan y los estudiantes es tan diferente. Juan es insolidario y solo piensa en su propio beneficio, posición que se suaviza con el devenir de los acontecimientos. Sin embargo, los estudiantes, que no se conocen entre sí y que no tienen ningún interés particular en que esta alumna apruebe o suspenda, no dudan en unirse para gritar y reclamar justicia. A Juan este altruismo es lo que más le sorprende y, aunque al principio no lo entiende, no duda en alabarlo cuando es consciente del valor que tiene.

El ciclista también es un símbolo, como se demuestra con la importancia que se le da al abrir y cerrar la película, con que en el título se aluda a él, con el plano de los ciclistas recorriendo una calle de Madrid y con el hecho de que en la escena final el ciclista sí pida ayuda. Este ciclista representa a la clase más baja de la sociedad española de la época, quienes, además de auténticos y honestos, luchan por sobrevivir haciendo gala de la solidaridad, no solo entre ellos, como se muestra cuando Juan visita el barrio obrero en el que vivía el ciclista atropellado y en el que todos cuidan de todos, sino también con aquellos que no pertenecen a su mismo estrato social, como muestra la actitud del ciclista que cierra la película.

El filme se vertebra sobre dos personajes principales: María José y Juan. María José es un personaje bastante plano al que Lucía Bosé, con su interpretación, logra dotar de dramatismo con tan solo utilizar su mirada y desarrollar tres registros diferentes según esté sola, con su marido o con su amante. Su belleza, sus acciones, su sexualidad y el hecho de que active la trama hacen de ella una *femme fatale*, ya que representa una amenaza a los roles de género tradicionales, sintomática del miedo al feminismo, como indica Mary A. Doane

(1991). De hecho, una de las cuestiones que más preocupaban a la censura española era que María José debía ser castigada por sus actos, que no estaban relacionados precisamente con el hecho de que hubiera atropellado y causando la muerte de un hombre, sino con su sexualidad y con que tuviera un amante estando casada, ya que, a pesar de que el adulterio masculino estaba socialmente permitido, como se demuestra en la escena en la que los amigos bromean sobre un regalo que Miguel le había hecho a María José, el femenino estaba socialmente mal visto y penalizado económica y jurídicamente, como bien le recuerda Miguel a su mujer cuando le habla de lo que le había sucedido a una conocida. La muerte de María José también conecta con el mito hollywoodiense de la *femme fatale*, que debe pagar por haber roto el *statu quo* y haber arrastrado al hombre a hacer aquello que no hubiese hecho (o eso se insinúa siempre en las películas de cine negro clásico) si no hubiese sido por haber caído en las redes de la "mala" mujer.

A pesar de que queda patente el adulterio, el filme no lo muestra de manera directa, sino que recurre a diferentes estrategias, como la elipsis y el empalme de planos que pertenecen a diferentes escenas, buscando así visibilizar lo irrepresentable. Paradójicamente, sí que se habla abiertamente del adulterio, pero al no mostrarlo la película manifiesta la irrepresentabilidad del mismo. Utiliza la elipsis de ciertos momentos, como la escena en la que ambos están en la habitación del hotel a la que han ido para estar juntos. Ella aparece vestida, muy recatada incluso; sin embargo, sus pies descalzos y los zapatos de tacón tirados, que no colocados, en el suelo muestran lo que acaba de suceder. En otros casos, se recurre a la unión de planos que pertenecen a distintas escenas, rompiendo la lógica conexión de continuidad que se establece con el campo/contracampo, como sucede en la escena en la que María José le pide a su marido que la abrace y el plano que se muestra a continuación no es el del marido sino el de Juan, o cuando María José sacude con sus manos el humo del cigarro de Juan estando cada uno en una habitación diferente. Esta ligazón entre planos muestra aquello que está prohibido, la relación adúltera, sin visualizarla, y es el espectador quien debe establecer las conexiones entre estos símbolos. María José representa lo que Giulia Colaizzi (2007: 93) define como una "mujer fálica", en tanto se encuentra dentro de una "economía fálica del deseo" que nunca llega a cuestionar. Se casa, no con el que fuera su novio en la juventud, que se convierte en su amante, sino con el que le puede dar aquello que ella más desea, como es poder, estatus y dinero, como bien le comenta su marido: "Tu egoísmo [...] es lo único que puedo utilizar a mi favor. Tu egoísmo, tu avidez por las cosas, tu ansia de vivir, tu infinito deseo de todo".

En todas las películas de Bardem hay un "personaje-conciencia" que representa el alter ego del cineasta, a través del cual habla sobre los temas que la preocupan, como son la lucha de clases, la crítica social y política, la denuncia de las injusticias, etc., e interpela a la sociedad española para que despierte de su pesadilla. En *Muerte de un ciclista* es Juan –un nombre fetiche que Bardem utiliza con asiduidad en sus películas– el encargado de hablar por el director, como se puede comprobar en las conversaciones que mantiene con Matilde en el despacho del decano, pero también en las dos que se producen en la pista de atletismo, una con la propia Matilde y la otra con un antiguo compañero del frente. Antes de encontrarse con Matilde, Juan mantiene una conversación, aparentemente trivial, en la que no hace más que subrayar su hartazgo con el nuevo régimen político impuesto tras la guerra, ya que él creía, como tantos otros, haber combatido a favor de un ideal, cuando en realidad lo había hecho para mantener a una oligarquía poderosa que, sin haber luchado en la guerra, consiguieron convertirse en los vencedores. Tras esta conversación, Juan mantiene otra con Matilde en la que le dice que va a hacer un viaje –"un viaje de vuelta a mí mismo"–, esto es, no al momento del atropello, sino al de la guerra. Resulta significativa la posición de los dos personajes mientras mantienen este diálogo: a ambos lados de una valla. A un lado de esta se sitúa Juan, el profesor de universidad que pertenece a la generación que luchó por el bando nacional en la Guerra Civil, y al otro Matilde, la joven estudiante no implicada en este hecho y que puede crear una nueva sociedad en la que, frente al egoísmo impuesto por el régimen, se imponga la solidaridad de las nuevas generaciones para lograr un clima de encuentro entre unos y otros. Matilde es, por tanto, el detonante de la toma de conciencia que sufre Juan tras el incidente porque es a partir de este suceso, pero especialmente a la injusticia que cometió con ella, cuando empieza a preguntarse sobre su vida y lo que ha hecho con ella. No solo se cuestiona su pasado sino también su futuro, y es por eso por lo que decide que debe entregarse a la policía, ya que

> él asimila la muerte del ciclista y se anticipa a su devenir; y, cuando lo hace, no puede no olvidar su pasado con relación al crimen, porque su ahora consiste en hacer presente el homicidio y declararse responsable y culpable del mismo (Murillo, 2014: 53).

Este momento supone para Juan "un movimiento de distensión, en tanto que se proyecta a sí mismo hacia su propio futuro y, por el otro, un movimiento de contracción simultánea, de retorno hacia su pasado, su condición de culpable" (ibid.: 54). Con el atropello y muerte del ciclista, Juan pasa del "cargo de conciencia" a la "toma de conciencia".

8. EQUIPO DE PRODUCCIÓN Y ARTÍSTICO

8.1. Juan Antonio Bardem, director y guionista

Resumir la vida de Juan Antonio Bardem (1922-2002) y su importancia en la cinematografía española supone una ardua tarea de síntesis. Miembro de una extensa familia dedicada al cine y al teatro –su abuela fue actriz, al igual que sus padres, Rafael Bardem y Matilde Muñoz Sampedro, además de su hermana, Pilar Bardem, al igual que sus hijos, María, Juan y Miguel Bardem y sus sobrinos, Carlos, Mónica y Javier Bardem, quienes se han dedicado a distintos oficios relacionados con la cinematografía–, su cine supuso un cuestionamiento al que se realizaba en el franquismo, centrado en folclóricas y sainetes, ya que, siempre que pudo, fue muy crítico con el régimen en sus inicios, y con las diferencias de clases, en casi todas sus películas.

Realizó estudios de Ingeniería agrónoma influenciado por sus padres que no querían que su hijo tuviese la vida tan inestable que ellos tenían, hasta que ingresó en la primera promoción del recién creado Instituto de Investigaciones y Experiencias Cinematográficas (IIEC). Allí su vida cambió al conocer y formar un grupo de trabajo con nombres tan significativos para el cine español como Luis García Berlanga, con el que escribió los guiones de *Esa pareja feliz*, dirigida por ambos en 1951, y *¡Bienvenido, Míster Marshall!*, dirigida por Berlanga. Con este filme lograron el premio al mejor guion en el festival de Cannes de 1953, lo que supuso para ambos el principio de su carrera y el reconocimiento internacional. Tras esta película, ambos directores se distanciaron, rompiendo el tándem que habían formado, y llegaron los que serían, sin duda, los mejores años de Bardem, con películas como *Cómicos* (1953), su primera película en solitario y con la que rindió un homenaje a su familia. *Muerte de un ciclista* (1955) y *Calle Mayor* (1956) supusieron su consagración internacional y lo situaron como uno de los directores jóvenes más reconocidos. *La venganza* (1958) le valió la primera nominación al premio Oscar para España, y *Sonatas* (1959), *A las cinco de la tarde* (1961), *Los inocentes* (1963) o *Nunca pasa nada* (1963) confirmaron que su éxito no era casual y, a pesar de que la censura intentó frenar su carrera, los certámenes internacionales contaron con sus películas y con él como miembro del jurado en varias ocasiones.

Tras sufrir varias decepciones con proyectos que no terminaban de fraguarse, decidió aceptar dirigir películas más comerciales con el objetivo de sobrevivir (Sánchez Noriega, 2002), como *Varietés* (1971), *La corrupción de Chris Miller* (1973) o *El poder del deseo* (1975), protagonizadas por Sara Montiel y Marisol. Las únicas excepciones de esta etapa, en la que se alejó temática y estéticamente de sus primeras películas, fueron *El puente* (1977) o *Siete días de enero* (1979), en la que reconstruyó el asesinato de los abogados laboristas de Atocha. Su última película fue *Resultado final* (1997), que se hizo célebre por estar protagonizada por la famosa Mar Flores, aunque no dejó de intentar levantar proyectos hasta su muerte, como la continuación de *Calle Mayor*, que iba a titularse *Regreso a la Calle Mayor*. También trabajó en el teatro dirigiendo significativas obras, como *En la red*, de Alfonso Sastre, y *La casa de Bernarda Alba*, de Federico García Lorca (estreno comercial en España), o en la televisión, como su participación en los años 70 en la dirección de capítulos de *Les évasions célèbres (Evasiones célebres)* (1972) y *L'île mystérieuse (La isla misteriosa)* (1973), o en los años 80 con la dirección de *Jarabo*, para la serie *La huella del crimen*, *Lorca, muerte de un poeta* (1987) o *El joven Picasso* (1993).

Además de ser un solvente guionista, fue un gran director de cine, muy hábil en el posicionamiento de la cámara y en el uso del lenguaje cinematográfico para potenciar la narratividad. Supo, además, rodearse de profesionales muy cualificados y con una extraordinaria habilidad para convertir una imagen en algo más que un plano, como Margarita de Ochoa, su montadora habitual. Obtuvo numerosos premios a sus películas en festivales tan prestigiosos como Cannes, Venecia o Berlín, además de la Medallas del Círculo de Escritores Cinematográficos o el Premio Sant Jordi de Cinematografía, entre otros. En 2002, meses antes de morir, recibió el Goya de Honor por el conjunto de su carrera. Su cine siempre tiende a decir algo, a mostrar la realidad, a narrar hechos, ya que

> fue un director comprometido con su tiempo, pero más allá de eso también lo fue consigo mismo, permaneciendo fiel a unos criterios artísticos que siempre mantuvo en sintonía con su ideología marxista, haciendo de él uno de los autores más conflictivos e incómodos del régimen franquista (Perales Bazo, 2007: 102).

Su militancia en el Partido Comunista (se afilió en 1943 y nunca dejó de pertenecer a él) y su posicionamiento en el mundo estuvieron presentes en sus obras, especialmente en las películas desarrolladas durante el franquismo, ya que fueron las que más críticas se mostraron con el sistema y en las que el director desarrolló más sus habilidades para criticar al régimen desde dentro. En 1977, en el Festival de Cine de Pesaro (Italia), afirmó que "todo el trabajo que he hecho como autor o como trabajador de cine ha ido unido de forma solidaria con mi trabajo en el partido y con mi lucha dentro de él". En otra entrevista, Bardem aseguró que todas sus películas están hechas

> desde una concepción marxista del mundo. Para mí, de todas formas, todas las películas son políticas [...] Todo mi cine es político y marxista, menos el que podemos denominar con la rúbrica de "películas alimenticias" (García Romero, 2022: 169-170).

No cabe duda de que fue un hombre comprometido, pues ya desde el inicio de su carrera, incluso cuando estaba realizando sus estudios cinematográficos, la Guerra Civil y lo que esta supuso a nivel social estuvo presente, como demuestra el cortometraje documental que dirigió, junto a Luis García Berlanga en 1948, *Paseo por una guerra antigua*, que "constituye un intento pionero de desmontar los relatos oficiales de la Guerra Civil Española" (Pérez, 2016: 43). Este cortometraje, que se ambientó en las ruinas de la Ciudad Universitaria de Madrid, está protagonizado por "un hombre joven, un mutilado [que] recorre este 'paisaje después de una batalla' y recuerda" (Bardem, 2002: 70-72). Este ejercicio, que formaba parte de las prácticas de clase, se convirtió en "la primera película desde 1939 que se hizo en España sobre la Guerra Civil de acuerdo con la óptica de los vencidos" (Cerón Gómez, 1998: 33). Esa mirada al pasado y ese cuestionamiento a la sociedad que se impone tras la guerra y el establecimiento del franquismo no abandonará el cine de Bardem ni su posicionamiento en el mundo, y lo demuestra la vigencia que películas como *Muerte de un ciclista* siguen teniendo hoy día. Como indica Carlos F. Heredero (2002: 8), en la introducción que realiza a las memorias de Bardem:

> su vida entera y toda su obra se alimentan de la misma conciencia: la de una lucha incesante y sin desmayo por la democracia y por las libertades contra la barbarie franquista; la de un irrenunciable compromiso ideológico, político y militante –con sus luces y sus sombras– en pos de mayor igualdad y justicia, en pro de un horizonte utópico capaz de superar las diferencias de clase y la explotación de los trabajadores que caracteriza inevitablemente al capitalismo.

Juan Antonio Bardem contribuyó al cine español en dos dimensiones, ya que formó parte, e incluso fue impulsor, del regeneracionismo crítico del cine, y fue fuente de inspiración para las generaciones futuras que formaron parte del Nuevo Cine Español y del cine metafórico de la Transición. Aunque al final, lo realmente importante fue el legado que dejó, ya que, como él mismo afirmó en sus memorias:

> mi oficio es contar historias de hombres y mujeres en términos de luz. Y esa luz existirá, de la manera que sea, hasta el final de los tiempos. Al final se vuelve siempre al origen de las cosas: el más viejo de la tribu contando historias a sus contemporáneos al resplandor del fuego de una hoguera (Bardem, 2002: 353-354).

8.2. Alfredo Fraile, director de fotografía

Alfredo Fraile Lallana (1912-1994) ejerció las labores de director de fotografía y productor. En los cuarenta años que estuvo activo obtuvo tres medallas del Círculo de Escritores Cinematográficos en la categoría de Mejor Fotografía. Si bien en 1945 se le premió por toda su obra, en ediciones sucesivas lo fue por dos películas: *La pródiga* (Rafael Gil, 1946) y *Muerte de un ciclista* (Juan Antonio Bardem, 1955). La crítica de Nueva York lo nominó como uno de los técnicos cinematográficos más importantes a nivel mundial, lo que no hace más que redundar en su gran capacidad para trabajar con la luz y la imagen.

Alfredo Fraile perteneció a la escuela Guerner, por haberse formado con Enrique Guerner –Gaertner–, a la que también se adhirieron Cecilia Paniagua y José Fernández Aguayo. Su debut en la fotografía como director, aunque antes se denominaba operador, se produjo en 1942 en la película *Huella de Luz,* dirigida por su amigo Rafael Gil, con el que trabajó en veinte ocasiones.

También destacó como productor cinematográfico, faceta a la que dedicó sus últimos años en activo, aunque también desarrolló diversos oficios dentro de la industria como técnico de laboratorio, proyeccionista, reportero, montador y operador, algo que, sin duda, influyó en su amplio conocimiento del medio cinematográfico, a la vez que refuerza el carácter artesanal que tenía el cine español en aquellos años, en los que primaba el saber hacer frente a la especialización.

Fotografió más de ochenta películas, destacando su virtuosismo para el blanco y negro en títulos como *A mí la legión* (Juan de Orduña, 1942), *Eloísa está debajo de un almendro* (Rafael Gil, 1943), *El Clavo* (Rafael Gil, 1944), *La Fe* (Rafael Gil, 1947), *La calle sin Sol* (Rafael Gil, 1948), *Alba de América* (Juan de Orduña, 1951), *La guerra de Dios* (Rafael Gil, 1953) –película que recibió la Concha de Oro del Festival de Cine de San Sebastián como mejor película y director, y mejor interpretación para Francisco Rabal; como mejor actor en las Medallas del Círculo de Escritores Cinematográficos y el León de Bronce del Festival de Venecia–. Suya también es la fotografía de la película *A las cinco de la tarde* (Juan Antonio Bardem, 1961), cinta con la que Fraile volvió a trabajar con Bardem tras *Muerte de un ciclista.*

8.3. Enrique Alarcón, director artístico

Enrique Alarcón (1917-1995) trabajó 44 años en la industria cinematográfica desarrollando labores de director artístico en películas tan importantes como *Tristana* (Luis Buñuel, 1970), *Muerte de un ciclista* (Juan Antonio Bardem, 1955) o *Calle Mayor* (Juan Antonio Bardem, 1956). Sus más de 260 películas le hicieron valedor, entre otros reconocimientos, del Premio Goya de Honor en 1990 a toda su carrera, algo inaudito por haber sido concedido a un decorador, profesión que suele pasar desapercibida para la opinión pública. Fue distinguido, además, con el Premio Nacional de Cinematografía del Sindicato Nacional del Espectáculo a los mejores decorados en catorce ocasiones.

Su nombre está unido a grandes directores españoles, como Luis Buñuel, Luis García Berlanga, Juan Antonio Bardem o Carlos Saura, pero también a otros internacionales, como Nicholas Ray o Anthony Mann. Alarcón estableció una forma de trabajar en la que primaba la buena relación con el director y con el iluminador, como demuestran sus más de cincuenta películas con Rafael Gil, en muchas de las cuales también trabajaba Alfredo Fraile, quienes tomaban algunas de las decisiones de forma conjunta a fin de hacer más sobresaliente la película. Con Bardem trabajó en los mejores filmes de este, como *Muerte de un ciclista* (1955), *Calle Mayor* (1956) y *La venganza* (1958).

8.4. Margarita de Ochoa, montaje

Margarita Lauvergeon (¿-1970[8]), más conocida como Margarita de Ochoa —adoptó el apellido de su marido—, fue, junto a Magdalena Pulido, Mercedes Alonso, Sara Ontañón o Petra de Nieva, de las pocas montadoras o ayudantes de montaje de la Dictadura. Sus primeros trabajos datan de los años cuarenta para la productora Trébol Films S.A., fundada el 11 de febrero por Simón Blasco Salas y otros veintiún accionistas, entre los que figuraba el marido de Margarita de Ochoa, el maquillador navarro Arcadio Ochoa de Zabalegui. De Ochoa fue responsable del montaje de *El sobrino de don Búfalo Bill* (Ramón Barreiro, 1944), *La gitana y el rey* (Manuel Bengoa, 1945) o *Luis Candelas*.

---

8 No hay datos verosímiles sobre la fecha de su nacimiento, ya que, a pesar de que hay documentos que indican que esta fue 1940, esto resulta imposible dado que los primeros trabajos suyos son de la década de los cuarenta. Sobre la fecha de la muerte de Margarita de Ochoa hay disparidad de opiniones, ya que hay publicaciones que datan su muerte a mediados de los años 60, a pesar de que hay películas en las que trabajó de montadora que fueron estrenadas con posterioridad a esta fecha, como *Cervantes* (Vincent Sherman, 1967), *El último día de la guerra* (Juan Antonio Bardem, 1970) o *Huyendo del halcón* (Cecil Barker, 1973).

El ladrón de Madrid (Fernando Alonso Casares, 1946-1947), entre otras, realizadas por Trébol Films.

Poco se sabe de ella, ya que es uno de los nombres injustamente olvidados, a pesar de ser la responsable del montaje de unas sesenta películas, como la célebre *Surcos* (1951), *Los peces rojos* (1955), *Entre hoy y la eternidad* (1956), *El inquilino* (1957) o *El sonido de la muerte* (1966), dirigidas por José Antonio Nieves Conde. Con Juan Antonio Bardem formó un tándem perfecto desde que comenzaron a colaborar en *Muerte de un ciclista* (1955). A partir de esta película, montó todas las obras –*Calle Mayor* (1956), *La venganza* (1958), *Sonatas* (1959), *Nunca pasa nada* (1963) y *Los pianos mecánicos* (1965)–, convirtiéndose en su única montadora en este período. Hasta su muerte, Margarita de Ochoa fue la responsable del montaje de las sobresalientes y relevantes obras de Bardem, imprimiendo en todas ellas su genialidad para extraer de las imágenes el mejor montaje. En sus memorias, Bardem manifestó que fue

> una mujer admirable, pechugona, limpia como los chorros del oro, francesa hasta la médula, con una sala de montaje llena de jóvenes aprendizas –"las niñas Madame"– y algún que otro varón, impartiendo sus conocimientos y su maestría a todas esas jóvenes aspirantes (Bardem, 2002: 199).

Su trabajo en *Muerte de un ciclista*, pero también en otras películas de Bardem, especialmente sobresaliente en *Calle Mayor* (1956), o en las de Nieves Conde merece que sea considerada como una de las mejores montadoras de la época, incluyendo, claro está, a los varones que realizaban este trabajo.

8.5. Isidro B. Maiztegui, músico

Isidro B. Maiztegui (1905-1996) fue un músico y compositor argentino que trabajó en más de cincuenta películas, la mayor parte de ellas argentinas. Con Juan Antonio Bardem firmó alguna de las más relevantes de este director, como *Muerte de un ciclista* (1955), *Calle Mayor* (1956) o *La venganza* (1958), llegando a ser su compositor habitual, pues participó en seis películas de este director. Cada una de ellas, además, requieren un uso diferente de la música en función del género al que se adhieren, que va desde el drama a la comedia con tintes sociales. Maiztegui supo leer los guiones de Bardem buscando la música perfecta para cada uno de estos filmes.

La vida de Maiztegui estuvo marcada por su origen argentino, país que abandonó en 1952 para emigrar a España y recuperar sus orígenes gallegos. Volvió a Argentina en 1969, tras pasar casi veinte en España trabajando en la industria cultural, para seguir dedicándose a la composición musical para cine y televisión, además de a la docencia musical. El hecho de haber vivido en Argentina y en España, y de poseer orígenes gallegos marca su obra artística, ya que un valor añadido a esta son las señas españolas y argentinas con las que la impregna. No se debe obviar, además, su ideología de izquierdas, que marcó no solo su vida sino también su producción musical.

8.6. Lucia Bosé, actriz principal

Lucía Bosé (1931-2020) fue una modelo y actriz italiana ganadora de Miss Italia 1947. A pesar de su gran belleza y de su éxito como modelo, Bosé quería ser actriz, y se convirtió en musa del neorrealismo italiano al protagonizar películas tan importantes y significativas como *No hay paz entre los olivos (Non c'è pace tra gli ulivi*, Giuseppe de Santis, 1950), *Roma a las 11 (Roma ora 11*, Giuseppe de Santis, 1951), *París, siempre París (Parigi è sempre Parigi*, Luciano Emmer, 1951) o *La señora sin camelias (La signora senza camelie*, Michelangelo Antonioni, 1953). Abandonó de manera temporal su carrera cuando se casó con el torero Luis Miguel Dominguín, pero, tras su separación, volvió a trabajar con directores como Federico Fellini, Pere Portabella, Josefina Molina o Agustín Villaronga, por citar tan solo algunos nombres significativos.

8.7. Alberto Closas, actor principal

Alberto Closas (1921-1994) fue un actor español muy conocido por la película *La gran familia* (Fernando Palacios, 1962). Debido al trabajo de su padre, Conseller de la Generalitat, hubo de exiliarse tras la Guerra Civil primero a París y posteriormente a Buenos Aires y Santiago de Chile, donde cursó estudios de Arte Dramático e inició su carrera profesional. *Mariana Pineda*, de Federico García Lorca, fue la obra con la que debutó. Continuó con su formación en teatro en Argentina, que compaginó con su participación como actor en varias obras, como *El adefesio* (1944), de Rafael Alberti. Inició su carrera cinematográfica en este país participando en títulos tan célebres como *Danza del fuego* (Daniel Tinayre, 1949). En 1954 regresó a España para actuar en *Muerte de un ciclista* y, una vez instalado en el país, desarrolló una fructífera carrera en el cine, en el teatro y en la televisión, con papeles que forman parte del imaginario colectivo como Carlos Alonso, el padre de familia de la película *La gran familia*, que tuvo dos secuelas.

Para Alberto Closas, *Muerte de un ciclista* supuso el inicio de una brillante carrera en España. De hecho, como afirmó el propio Bardem (De Abajo de Pablos, 1996: 39), "la incorporación de Closas al proyecto reforzaba la significación política del film, pues suponía la vuelta de un exiliado político tras la Guerra Civil". Closas, que era un actor reputado en Argentina, "canceló compromisos pendientes [...] porque tenía interés en participar en un film que era, según sus propias palabras, 'de protesta, valiente'". El éxito cosechado por la película de Bardem le supuso una vuelta triunfal a España, donde desarrolló una carrera en el cine y en el teatro, además de en la televisión que, por aquellos años, comenzaba su andadura. Por su extensa y prolífica carrera recibió numerosos premios, como dos medallas del Círculo de Escritores Cinematográficos, el Fotogramas de Plata, la Concha como mejor actor en Festival Internacional de Cine de San Sebastián o la Medalla de Oro al Mérito en las Bellas Artes.

9. Bibliografía

AGA, Archivo General de la Administración (1954-1960). Expediente administrativo de la Junta Censora. Signatura: AGA,32,04753, Signatura: AGA,32,03509, Signatura: AGA,32,03516.

A.M.C. (1954). Informe del 21 de octubre de 1954. A.M.C., C/ 13.823 – Expte. 209-54. En Op. Cit. P. 125.

Aristarco, G. (1956). "Gli egoisti". *Cinema Nuovo,* 86, 25-26.

Aristarco, G.; Pérez Perucha, J.; Sanz de Soto, E.; Sala, R.; Álvarez Berciano, R.; Galán, D.; Santos Fontenla, C.; Torres, Augusto M. y otros (1989). *Cine español (1896-1988).* Madrid: Instituto de la Cinematografía y de las Artes Audiovisuales.

Arocena, C. (2005). Luces y sombras. Los largos años cincuenta (1951-1962). En Castro de Paz, J. L., Pérez Perucha, J. y Zunzunegui, S. (dirs.). *La nueva memoria. Historias del cine español.* A Coruña: Vía Láctea, 78-120.

Baldo Lacomba, M. (2006). Excluyentes y comprensivos: la política universitaria de Ruiz-Giménez, 1951-1956. En Nieto, J y Company, J. M. (eds.). *Por un cine de lo real: cincuenta años después de las Conversaciones de Salamanca.* Valencia: Ediciones de la Filmoteca, 25-35.

Bardem, J. A. (1956). ¿Para qué sirve un film? *Cinema Universitario,* 4, 24-25.

— (1962). *Guion de Muerte de un ciclista.* México: Universidad Vercruzana.

— (2002). *Y todavía sigue.* Barcelona: Ediciones B.

Blanco Mallada, L. (2003). Juan Antonio Bardem: un gran comunicador. *Área Abierta. Revista de comunicación audiovisual y publicitaria,* 5. https://revistas.ucm.es/index.php/ARAB/article/view/ARAB0303120005A

Castelo, M. (2004). Entrevista a Juan Antonio Bardem. En Castro de Paz, J. L. y Pérez Perucha, J. (eds.). *El cine a codazos: Juan Antonio Bardem.* Orense: Festival Internacional de Cine Independiente de Ourense, 167-189.

Castro, A. (1996). Entrevista a Juan Antonio Bardem. Un renovado del cine español. *Dirigido por...: Revista de cine,* 245, 52-63.

— (2013). *Testimonio y compromiso. El cine de Juan Antonio Bardem.* Madrid: Ediciones JC Clementine.

Castro de Paz, J. L. y Paz Otero, H. (2015). *Muerte de un ciclista (Juan Antonio Bardem, 1955). Una firme mirada opositora.* A Coruña: Vía Láctea.

Cerón Gómez, J. F. (1998). *El cine de Juan Antonio Bardem*. Murcia: Secretariado de Publicaciones Universidad de Murcia y Primavera Cinematográfica de Lorca.

— (1999). *Las paradojas de la censura: "Muerte de un ciclista" (1955), de Juan Antonio Bardem*. Alicante: Biblioteca Virtual Miguel de Cervantes.

— (2006). Además de las palabras: las películas proyectadas durante las Conversaciones de Salamanca. En Nieto J. y Company, J. M. *Por un cine de lo real: Cincuenta años después de las Conversaciones de Salamanca*. Valencia: Ediciones de la Filmoteca, 99-108.

Colaizzi, G. (2007). *La pasión del significante*. Madrid: Biblioteca Nueva.

De Abajo De Pablos, J. J. (1996). *Mis charlas con Juan Antonio Bardem*. Madrid: Quirón.

Deleuze, G. (2012). *La imagen-movimiento: Estudios sobre cine 1*. Barcelona: Paidós.

Deltell, L. y García Sahagún, M. (2020). Escenarios de un remordimiento. Ciudad Universitaria y Guerra Civil en Muerte de un ciclista (Juan Antonio Bardem, 1955). *Historia y Comunicación Social*, 25(2), 355-367.

Diez Puertas, E. (2000). *Historia del movimiento obrero en la industria española del cine. 1931-1999*. Valencia: Institut Valencià de Cinematografía Ricardo Muñoz Suay.

Doane, M. A. (1991). *Femmes Fatales*. Nueva York: Routledge.

Egido, L. (1983). *J.A. Bardem*. Huelva: Festival de Cine Iberoamericano.

Evans, J. (2007). Pudovkin and the censors: Juan Antonio Bardem's Muerte de un ciclista. *Hispanic Research Journal*, 8(3), 253-265.

Fernández Santos, A. (1991). Bardem. *El País semanal*, 3, núm. 29, 62.

Fouz Moreno, M. (2028). El compositor Isidro Maiztegui en el cine de Juan Antonio Bardem, la funcionalidad narrativa de la música en "Muerte de un ciclista". *Musicología en el siglo XXI: nuevos retos, nuevos enfoques*, 1441-1458.

García Escudero, J. M. (1955). Muerte de un ciclista. *Arriba*, 16 de septiembre.

Gómez Mesa, L. (1955). Una película de coproducción hispano-italiana. *Arriba*, 10 de septiembre.

Gómez Rufo, A. (1990). *Berlanga, contra el poder y la gloria*. Madrid: Temas de Hoy.

Gubern, R. (1986). *1936-1939. La guerra de España en la pantalla*. Madrid: Filmoteca Española.

— (2006). Salamanca, de cerca y de lejos. En Nieto, J y Company, J. M. (eds.). *Por un cine de lo real: cincuenta años después de las Conversaciones de Salamanc*a. Valencia: Ediciones de la Filmoteca, 165-176.

Gubern, R.; Monterde, J. E.; y Pérez Perucha, J. (1997). Historia del cine español. Madrid: Cátedra.

Guillamón Carrasco, S. (2017). La representación de la *femme fatale* en el universo narrativo de *Muerte de un ciclista* (Juan Antonio Bardem, 1955). *Área Abierta. Revista de comunicación audiovisual publicitaria*, 17(3), 313-331. http://dx.doi.org/10.5209/ARAB.55802

Heredero, C. F. (1993). *Las huellas del tiempo. Cine español 1951-1961*. Madrid: Filmoteca Española.

— (2022). *Juan Antonio Bardem. Y todavía sigue. Memorias de un hombre de cine*. Madrid: Cátedra.

La vanguardia (1985). 14 de mayo, pág. 47.

Lafuente González, J. (2019). *Educar de cine. Profesores en las películas de ficción desde el cine mudo hasta hoy*. Zaragoza: Doce Robles.

Lema-Hincapié, A. (2008). Existential Crossroads in Muerte de un ciclista (Juan Antonio Bardem, 1955). En Resina, J. R. y Lema-Hincapié, A. (eds.). *Burning Darkness. Half Century of Spanish Cinema*. Nueva York: State University of New York, 27-43.

Lizcaino, P. (1981). *La generación del 56. La universidad contra Franco*. Barcelona: Grijalbo.

Llorente Villasevil, A. (2008). Las estrategias de la memoria en el cine disidente del Franquismo. http://www.cinehistoria.com/cine_disidente_del_franquismo.pdf [Consultada el 10 noviembre de 2023].

López, N. (2008). *Manual del guionista de comedias televisivas*. Madrid: T&B Editores.

Malefakis, E. (2009). La dictadura de Franco ¿un régimen bifurcado? En Townson, N. (coord.). *España en cambio: el segundo franquismo, 1959-1975*. Madrid: Siglo XXI, 249-256.

Marcos Ramos, M. (2015). Cómo sobrevivir a la censura. Muerte de un ciclista (Juan Antonio Bardem, 1955). En Marcos Ramos, M. (ed.). *Actas III Congreso Internacional Historia, literatura y arte en el cine en español y portugués*. Salamanca: Universidad de Salamanca, 363-374.

Martín Gaite, C. (2017). *Usos amorosos en la postguerra española*. Barcelona: Anagrama.

Martín Patino, B. (2006). Palabras inaugurales. En Nieto, J. y Company, J. M. (eds.). *Por un cine de lo real: cincuenta años después de las Conversaciones de Salamanc*a. Valencia: Ediciones de la Filmoteca, 291-292.

Martínez Bretón, J. A. (2006). Conversaciones de Salamanca: repercusiones en la política y la industria cinematográfica. En Nieto, J y Company, J. M. (eds.). *Por un cine de lo real: cincuenta años después de las Conversaciones de Salamanc*a. Valencia: Ediciones de la Filmoteca, 141-163.

Martínez Castro, M. C. (2004). La novela española y el cine en la postguerra. Algunos aspectos comunes en *Calle Mayor* y *La Tía Tula*. En Muro Munilla, M. A. (coord.). *Arte y nuevas tecnologías: X Congreso de la Asociación Española de Semiótica*. Logroño: Universidad de la Rioja/Fundación San Millán de la Cogolla, 767-777.

Membrez, Nancy J. (2020). Apostillas históricas a Muerte de un ciclista (Bardem, 1955). *Historia y cine. El primer franquismo 1939-1945*. Barcelona: Universitat de Barcelona, 124-148. https://issuu.com/ub102/docs/vol.i-vii_congreso_internacional_de_historia_y_ [Consultada el 10 noviembre de 2023].

Mesa, R. (1982). *Jaraneros y alborotadores: documentos sobre los sucesos estudiantiles de febrero de 1956 en la Universidad Complutense de Madrid*. Madrid: Ediciones Complutense.

Minguet, J. (2004). Las vacilaciones iniciales de Bardem (a propósito de Cómicos y Felices Pascuas). En Castro de Paz, J. L. y Pérez Perucha, J. (eds.). *El cine a codazos: Juan Antonio Bardem*. Orense: Festival Internacional de Cine Independiente de Ourense, 63-71.

Monterde, J. E. (2006). Del neorrealismo y el cine español. En Nieto, J y Company, J. M. (eds.). *Por un cine de lo real: cincuenta años después de las Conversaciones de Salamanca*. Valencia: Ediciones de la Filmoteca, 51-60.

Monterde, J. E.; Pérez Perucha, J.; Riambau, E. y Torreiro, C. (2010). *Historia del cine español*. Madrid: Cátedra.

Morales, F. (1996). Muerte de un ciclista. *El País,* 21 de octubre. URL: https://elpais.com/diario/1996/10/21/radiotv/845848809_850215. html [Consultada el 10 noviembre de 2023].

Murillo, C. (2014). Muerte de un ciclista y Caídos del cielo. *Rassegna iberistica*, vol. 37, 101, 47-68.

Nieto J. y Company, J. M. (2006). *Por un cine de lo real: Cincuenta años después de las Conversaciones de Salamanca*. Valencia: Ediciones de la Filmoteca.

Perales Bazo, F. (2007). Los inicios de Juan Antonio Bardem: el encuentro de dos cineastas. *Frame,* 2, 102-115.

Pérez, L. (2016). Paseo por una guerra antigua (Juan Antonio Bardem, 1948-49): una contramemoria de la Guerra Civil. *Área Abierta*, 16(2), 41-53.

Pérez Millán, J.A. y Pérez Morán, E. (2015). *Cien profesores universitarios en el cine de ayer y de hoy*. Salamanca: Ediciones Universidad de Salamanca.

Preston, P. (2011). *El Holocausto español. Odio y exterminio en la Guerra Civil y después*. Barcelona: Debate.

Riambau, E. (2007). *Ricardo Muñoz Suay. Una vida en sombras*. Barcelona: Tusquets.

Rodríguez López, C. (2002). *La Universidad de Madrid en el primer franquismo. Ruptura y continuidad (1939-1951)*. Madrid: Instituto Antonio de Nebrija de estudios sobre la universidad, Universidad Carlos III

Romero García, E. (2022). *Juan Antonio Bardem (1922-2002)*. Barcelona: Laertes.

Sánchez Noriega, J. L. (2002). *Historia del cine. Teoría y géneros cinematográficos, fotografía y televisión*. Madrid: Alianza.

Sánchez Zapatero, J. (2013). En los márgenes del género. Características, paradojas y fuentes literarias del cine negro español (1962-1975). En Pérez Bowie, J. A. (ed.) *La noche se mueve: la adaptación en el cine español del tardofranquismo*. Madrid: Los Libros de la Catarata, 256-298.

Soria, J. (2019). El día en que Franco pudo morir en Pelabravo... pero el que murió fue un ciclista. *Salamanca 24 horas*, 12 de enero. Disponible en: https://www.salamanca24horas.com/sucesos/dia-franco-pudo-morir-pelabravo-pero-murio-ciclista_1298293_102.html

Torreriro, C. (1997). Muerte de un ciclista / Gli Egoisti. En Pérez Perucha, J. (Ed.) *Antología crítica del cine español. 1906-1995*. Madrid: Cátedra/Filmoteca Española, 362-364.

Zubiaurre, M. (2014). *Culturas del erotismo en España 1838-1939*. Madrid: Cátedra.

Zunzunegui, S. (2004). El vuelo excede el ala. Espectáculo y política en el cine de Juan Antonio Bardem. En Castro de Paz, J. L. y Pérez Perucha, J. (eds.). *El cine a codazos: Juan Antonio Bardem*. Orense: Festival Internacional de Cine Independiente de Ourense, 81-99.

GUÍAS PARA VER Y ANALIZAR...

GUÍAS PARA VER Y ANALIZAR...
NUEVA TEMPORADA

51. El diablo sobre ruedas
52. Deseando amar
53. Solaris
54. Gladiator
55. La matanza de Texas
56. Lola Montes
57. Up
58. Jennie
59. Melancolía
60. Mystic River
61. El verdugo
62. Network
63. Harry el sucio
64. Alien, el octavo pasajero
65. American Beauty
66. Ladrón de bicicletas
67. Rebeca
68. Perdición
69. Perfect Blue
70. La piel que habito
71. Easy Rider
72. El piano
73. Los idiotas
74. El Evangelio según San Mateo
75. Solo ante el peligro

76. La fiera de mi niña
77. Placido
78. La vida de Brian
79. Muerte de un ciclista

¿Quieres publicar una *Guía para ver y analizar*?

Si quieres hacernos llegar tu propuesta, asegúrate que cumple las normas de la colección:

- Los textos deberán ser originales y su estilo literario lo más sencillo y claro posible, evitando adoptar un tono excesivamente académico, es decir, un lenguaje "opaco", lo que no implica caer en superficialidad o banalidad.
- La extensión total del texto deberá ser de entre 250.000 y 270.000 caracteres (con espacios y notas incluidos).
- Se procurará utilizar gráficos, esquemas, tablas, dibujos, etc., para facilitar la lectura del texto y el seguimiento del estudio monográfico de la película.
- El texto deberá adoptar, sin perjuicio de los condicionantes particulares de cada película, ni de la autonomía del autor en la redacción del texto, la estructura de los libros de la colección:
  1. Ficha técnica y artística
  2. Introducción
  3. Sinopsis argumental
  4. Estructura del film
  5. Análisis textual
  6. Recursos expresivos y narrativos
  7. Interpretaciones/Apéndices
  8. Equipo de producción y artístico
  9. Bibliografía
- Las propuestas de nuevos libros (que deberán ser inéditos) deberán constar, al menos, de los siguientes documentos:
  1. Justificación
  2. Índice comentado
  3. Bibliografía seleccionada
  4. Breve CV del autor (inferior a 500 palabras).
- Todos los documentos deberán ser entregados en soporte informático. En la página web de Nau Llibres existe una sección específica (http://naullibres.com/guias-para-ver-y-analizar) para el envío de originales.

El Comité Editorial, compuesto por expertos en comunicación audiovisual y educación, comunicará al autor, en un plazo no superior a tres meses, si acepta o no dicha propuesta. Si la respuesta es positiva, se firmará el correspondiente contrato de edición con la editorial y el autor se comprometerá a entregar, en el plazo que en su momento se estipule, un borrador del texto, que será revisado por los miembros del Comité Editorial. El autor deberá recoger las correcciones y sugerencias resultantes de la revisión para modificar convenientemente el texto antes de enviarlo a la editorial para proseguir el proceso de edición, que necesitará de la colaboración del autor para incorporar las ilustraciones y ejemplos previstos.